気弱な人でも
しっかり稼げる

カウンセラー起業のガイドブック

綿貫智香

BYAKUYA BIZ BOOKS

はじめに

自分も人も幸せにできるカウンセラーという仕事

今まで悩んだことが一度もないという人はほとんどなく、大多数の人は悩み傷つきながら生きています。私たちのカウンセラー養成スクールには、人生を見失い、思い悩む人たちがやってきます。中には「自分も悩んでいる人の力になりたい」と言い、続けて学びを深め、プロのカウンセラーになって活躍している人もいます。悩み苦しんだ日々が、誰かを救う力になるのを、私はこれまで何度も見てきました。

実は私も中学2年生のときから摂食障害を体験し、さらに高校在学中から不登校になりました。何とか学校を卒業することはでき、その後進学もしましたが、長い間ずいぶん苦しみました。だから同じように悩んで、苦しみを乗り越えた人たちが、私と同じようにカウンセラーとして人の支援の道を選ぶ姿を見るのはとてもうれしいです。

苦しみの真っただ中にいるときにはわかりませんが、苦しかった経験はあなたの財産になります。トンネルを抜けた後に残るのは悲しみではなく〝希望〟です。その経験があるからこそ、きっと良くなるという確信と使命を持って人の支援ができます。

科学技術が進んで便利な世の中になり、物質的に満たされたとしても、人の悩みがなくなることはありません。むしろ物質的な悩みよりも、精神的な悩みの割合が増えてくると思われます。時代が変わりＡＩが発達しても、人が人を癒す仕事である心理カウンセラーの需要がなくなることはないでしょう。あなたが悩んだ過去は決して無駄ではなく、人を助ける力になります。人の役に立ちたいと思う心優しいあなたにこそ、カウンセラーを目指してほしいと思います。プロカウンセラーになるまでの道は、決して楽ではありませんが、それだけに何物にも代えがたい大きな喜びを手にすることができます。

この本では開業のノウハウだけではなく、カウンセラーになるまでにぶつかる問題にどう対処していけばよいか、そして最も大切な〝カウンセラーマインド〟についても解説しています。また現在すでにカウンセラーとして活動している人に向けて、開業後に起こる問題の対処法やビジネスの組み立て方、クライアントとの関係性についても、わかりやすくまとめました。また各項目の最後に、人気カウンセラーに〝なるには〟ポイントとして、簡単なまとめを設けました。理解の一助としてください。

カウンセラーの仕事に興味があるけれど迷っている人や開業後にビジネスが思うように進まないと感じる人、そして人の支援を一生の仕事にしたい人にぜひ手に取っていただきたい本です。

ゴールがはるか遠くに感じていたとしても、目の前の小さな一歩からすべてが始まります。さあページを開いて一緒に前に進んでいきましょう。

2024年春

綿貫智香

CONTENTS

第5章 人気カウンセラーになるための起業ステップ

第6章
カウンセラーになって突き当たる壁

第7章 カウンセリング現場の「あるある相談」対処法

第1章
不安定な時代が
不安定な心を生み出す

カウンセラーのビジネス大予測

新型コロナウイルス感染症が世界中に広がり、人の動きや経済活動が強く制限されたことで、今までの生活が一変しました。急速な景気の悪化により企業の倒産が相次ぎ、命や生活が脅かされることで、さらに心の不調を訴える人が急増したと言われています。社会のＩＴ化でウェブ環境が整ったこともあり、オンライン型のカウンセラーの数も増えました。現在のカウンセリング市場はとても大きくなり、多数の競合の中から選ばれなければ、生き残れない厳しい業界です。

開業カウンセラーになると、うまくいかなくて悩むことが必ず起こります。問題のすべてを自分一人で対処するのは、簡単ではありません。苦しいときやどうしていいかわからないとき、助け合い、引き上げてくれる仲間はありがたい存在です。

このような変化の中で、柔軟に対応することができた企業や個人が、厳しい環境の中でも成長し、生き延びられたのではないでしょうか。個人事業も同様に、好奇心旺盛で人からのアドバイスを素直に取り入れる柔軟さがある人は、実際に伸びています。

また技術の進歩は年々速くなり、ついていくのが大変です。しかし失敗を恐れずに楽しみながら新しいことに挑戦していければ、経験から多くのことが学べます。

行動の方向性を定め、効率的な学びをするために必要なのが、目標を持つことです。その大事な自分の目標に対して迷いを感じたり、違和感を覚えたりするときには、〝他人の価値観〟に基づいた目標になっているのかもしれません。そのことに気づいていないことが意外に多いので、〝自分の価値観〟に沿った目標が設定できているか確認してみてください。

カウンセラーは技術力とビジネススキルだけではなく人柄も重要

カウンセラーとして成功するには、技術力とビジネススキルは必須ですが、それに加えて損得勘定なく愛を注げる人が求められています。このような奉仕の精神は、一見ビジネスとは相容れないように思われるかもしれません。しかしカウンセラーを頼ってくる人は心が敏感になっているので、ビジネスライクな雰囲気を敬遠しますし、相手が求める愛情を惜しみなく与えられる人でなければなりません。ビジネスとしてカウンセリングをするのであっても、ベースには奉仕の気持ちが必要です。

長期のカウンセリングを受ける経済的余裕がないクライアントに対しても、ご縁があって出会ったと受け止めると道は開けます。クライアントにお金がないと知ったとたんに態度を変えたカウンセラーには、たとえお金ができても頼みたいとは思わないでしょう。損得勘定なく出会いとつながりを大切にするカウンセラーには、多くのチャンスが訪れます。

なるにはポイント

- ✓ ビジネスであっても、ベースには奉仕の気持ちが必要
- ✓ 学び成長できるカウンセラーは、好奇心と柔軟性を持つ

自由な生き方の選択ができる時代へ

高度経済成長期は、終身雇用制が日本の経済成長の後押しをしてきました。しかし現代は不景気が続き、アウトソーシング（業務委託）の活用で人件費を抑え、年功序列型から成果主義型に移行して人件費の適正化を図る企業が増えてきました。

会社勤務は安心と言われたのは、終身雇用・年功序列が機能していたからです。けれども悲観する必要はありません。逆にこれからは会社に依存せず、自分で自由に生き方を選択できる時代になったということです。

社会がこれからも変化することを見据えて、政府は働き方改革の一環として、副業・兼業を推奨しています。その理由は、日本経済の成長を促進するために、新規事業の創出や人材確保、働き手のスキル向上が必要だからです。また働き手にとっても、副業をすることで収入を増やす・時間を有効に活用する・才能を生かして活躍の場を広げることができます。

2018年1月、厚生労働省は「副業・兼業の促進に関するガイドライン」を公開しました。2022年時点のアンケートでは、7割の企業が副業・兼業を「認めている」または「認める予定」と回答しました。大企業になると8割を超えていることが、経団連が公表したアンケート結果で明らかになりました。

想定外の時代だからこそやっぱり「手に職」

専門的なスキルや資格を持っていると、転職がしやすく給与も高いメリットがあります。会社を辞めても専門職として独立しやすいため、不安定な時代にはやはり手に職を持つのは強みです。

近年は核家族世帯がさらに増え、心の傷や悩みを一人で抱え込んでしまう人が増えています。カウンセラーの需要も増加し、副業でカウンセリングを始めて、本業に負けないレベルの収入を得ることも可能になりました。

※参考：厚生労働省「副業・兼業の促進に関するガイドライン」
（平成30年1月策定、令和2年9月改定）
https://www.mhlw.go.jp/file/06-Seisakujouhou-11200000-Roudoukijunkyoku/0000192844.pdf
一般社団法人日本経済団体連合会「副業・兼業に関するアンケート調査結果」（2022年10月11日）
https://www.keidanren.or.jp/journal/times/2022/1027_04.html

なるにはポイント

✓ 副業でカウンセリングを始めやすい時代になった
✓ 厳しい時代だからこそ、カウンセラーの需要が高まる

医療従事者にこそ副業カウンセラーをおすすめする理由

医療従事者や福祉系の仕事に従事する人に共通するのは、人の役に立ちたいという気持ちが強いことです。そしてひかえめな人が多い傾向があるように思います。よく「自分には才能がないから」と言う人がいますが、それは自分が気づいていないだけかもしれません。

たとえば医療・福祉系の国家資格を持っている人は、資格を取得するまでの過程を思い出してみるとよいと思います。資格試験合格への目標に向けて培われた忍耐力と向上心、努力で積み上げてきた専門知識を持っているはずです。これらはすぐれたカウンセラーになるために必要な才能と言えます。

カウンセリングの現場では、クライアントがどんな心身の状態であっても向き合える奉仕の精神と自分軸が必要です。時には複雑で難解な問題を抱えたクライアントが来ることもあります。医療福祉の資格試験を突破した人たちは、すでにカウンセラーとして成功するために必要な資質を備えているのです。

また医療・福祉系の仕事は、人の支援を行う業務の中で毎日必ず対話をしています。相手が何に困っているのかを対話と観察によって理解し、どう対応すればよいのかをつねに考えています。この積み重ねによって、相手が困っていることを瞬時に見つける力が養われるのですが、これは無意識的にできる能力なので、なかなか自覚できないのです。その能力は、カウンセラーがクライアントの様子や話から悩みの本質を見抜くときに必要な下地になります。

開業カウンセラーになると、セールスは欠かせません。セールスは苦手という人は多く、私がカウンセラーとして独立したときも、セールスに対して苦手意識がありました。しかし正しいセールスの方法は、私が作業療法士時代に行っていた〝治療計画書〞の作成と患者さんへの説明がまさにそれだったのです。

カウンセラーが行うセールスとは、まずクライアントから聞いた相談内容を元に、愛情をベースに自分の持てる力をすべて使ってカウンセリングプランを作成します。そしてプランに基づき、クライアントが望むゴールへの道筋や選択肢を見て、損得抜きに100%クライアントの幸せを願って寄り添います。これがセールスを行うときの正しい姿勢であり、医療福祉系の仕事をする人が、真摯に患者に向き合う姿勢と共通しています。

実はこのような下地が備わっている人は、医療・福祉系の仕事に就いている人だけではありません。違う分野で働く人にも、同様の才能を持つ人は必ずいます。自然にできていることなので気がつきにくいだけです。無意識的に人の役に立つことや人の支援をしていた、またはしたいと思っている人はいると思います。ぜひしっかり時間をとって、あなたができていることを紙に書き出してみてください。自分が持つ宝物をどんどん見つけていってほしいと思います。

なるにはポイント

- ✓ 人を助ける仕事をしている人は、カウンセラーに必要な下地が整っている
- ✓ 内面を見つめて、自分の才能を発掘しよう

第 2 章

悩んでいる人ほど
カウンセラーに向いている

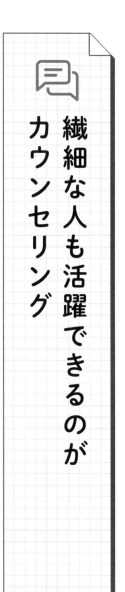

繊細な人も活躍できるのがカウンセリング

カウンセラーに必要な資質は次の3つです。

①クライアントの話に耳を傾け共感する力
②クライアントの表情や声のトーンなど細かなことを観察する力
③物事の本質を見抜く力（洞察力）

実はこれらをすべて備えているのが繊細な人（HSP：Highly Sensitive Person）です。繊細な人は感受性が高く、相手の話を自分のことのように感じるのが得意なため、共感する力に長けています。そして相手を観察する力もあり、言葉だけではなく視線やしぐさ、声のトーンの変化などにも敏感です。それら一つ一つの意味を深く考え、本質を見抜く力も持ち合わせています。

しかし繊細な人はアンテナの感度が人一倍高く、不安や恐怖なども強く感じる傾向があります。そのため繊細な人がカウンセラーになるときには、心身が疲弊してしまわないように、次の2つに注意しなければなりません。

①精神的な負担を強く感じやすい

カウンセラーは悩みを抱えた人や傷ついた人に寄り添い、細やかな配慮が要求される仕事です。そのため繊細な人がカウンセリングを行うと、精神的な負担を強く感じ疲弊しやすくなります。

②共依存の関係になりやすい

人の話を自分のことのように感じられる力があるために、クライアントの問題を自分の問題のようにとらえる傾向があります。さらに繊細な人には心優しい人が多いので、クライアントの話を聞くと、どうにかしてあげたいという気持ちになることも多いようです。このようにカウンセラーとクライアントの〝境界線〟があいまいになってしまうと共依存の関係に陥ってしまいます。共依存とは互いに依存し合い、その関係性から抜け出せなくなる状態です。そうなると、クライアントはいつまでもカウンセラーを頼り続け、自らの気づきや自立の機会が失われてしまいます。

これらの注意点を踏まえ、繊細な人がカウンセラーとして才能を発揮するためにぜひ取り組んでほしいことがあります。それは自分の〝内面〟と〝外で起きていること〟を、きちんと区別するトレーニングです。自分の内と外の境界がしっかり区別できると、自分の外で起きていることに対して心が乱れなくなります。外の世界で何が起きようと、自分の中の安全基地から見られるからです。外の世界に心を乱さず、感情をニュートラルに保つことができれば、世界が今までと違って見えてきます。

感情をニュートラルに保つために、役立つ考え方を一つ紹介します。中国に伝わる陰陽図は、陰と陽が混ざり変化し合って物事が動くことを表しています。物事を一方の角度ではなく多角的に見る心がけによって、心が乱れることが起きても、感情に溺れることはなくなります。

自分の感情を扱うスキルを身につければ、繊細さは才能になります。心を痛めた人が問題を解決して自分の人生を歩き始める瞬間に立ち会えたときの感動を、これからカウンセラーを目指す人にもぜひ味わってほしいです。

なるにはポイント

- ✓ 繊細な人は共感力・観察力・洞察力に優れている
- ✓ 自分の内と外の区別ができれば、才能が発揮できる

一流カウンセラーと三流カウンセラーの違い

一流のカウンセラーを目指したい人は多いと思います。ではどんなカウンセラーが一流なのでしょうか。一流カウンセラーの定義はこれという決まったものはありません。しかし自分なりの一流カウンセラーの定義を持っていなければ、どこを目指せばよいのかわかりませんよね。

そこで21年間たくさんのカウンセラーを見てきた私が、一流のカウンセラーに共通して見られることを3つにまとめてみました。これは私の主観に基づくものですので、あなたなりの一流の定義を持つ際の参考にしてください。

①問題解決ができる

得意な分野がある人は専門カウンセラーを名乗ることがありますが、専門外のことは解決できないカウンセラーは三流カウンセラーです。クライアントが抱える問題の奥に、人生の問題が複雑に絡み合っていることはめずらしくありません。クライアントが話す問題は、実はダミーである可能性もあるのです。一流のカウンセラーはそれを見抜き、本当の問題を浮き彫りにします。専門を持っていたとしても人生全般を扱える技術を持ち、鮮やかに解決できるカウンセラーは一流です。

事例を一つ紹介します。相談に来たのは経営不振に悩んでいる人で、話を聴くうちにその背後に家庭の問題が見えてきました。成人した息子が引きこもりで強迫神経症を患っていました。息子の養育にも費用がかかるところ、会社の経営がうまくいかず経済的に苦しんでいたのです。背後の問題が見えていないと、売り上げを伸ばす方向の解決策だけを提示したかもしれません。解決力のある一流カウンセラーが関わることで、息子が社会復帰を果たして相談者の会社を手伝うようになって業績が上がり、さらに息子の結婚まで実現しました。

②嘘がない生き方をしている

一流カウンセラーは、考えと行動が一致しています。これに対して三流カウンセラーは考えと行動がばらばらで、一貫性がなく自己矛盾を抱えています。一貫性がないと予想外のことが起こったときに動揺し、気分が落ち込み不安定になりがちです。自分自身に対する信頼すら揺らいでいるため、クライアントを受容することが難しくなります。こんな状態では最高の支援ができませんね。

実はこのような人は心の傷を抱えていることが多く、カウンセラーになりたい人に意外と多く見られます。心の傷を抱えている人が一流のカウンセラーになるには、まずその傷を自分で癒すことが必要です。問題を抱えたままの状態でクライアントの相談に乗ると、共依存の関係に陥る可能性が高いことはすでに説明しました。一流カウンセラーは、クライアントの自立を妨げる共依存に陥ることはしません。

一流カウンセラーは、自分に起こるすべてのことは自己責任であることを理解しているので、一度癒した傷でも必要があれば何度でも自分の心の探求をして学び成長しようとします。自分はもう問題に取り組んだからすべて解決したと言って、再び課題に向き合おうとしない人は三流カウンセラーです。

③自分の使命・生き方を認識しているか

使命とは自分の人生の答えのようなものです。自分の課題を過去に置き去りにしていると、活躍したいと思ったとき、不思議なことに目の前に未解決の課題が現れます。自分の課題を放置せずにしっかり取り組んできた人は、その過程で自分の使命を見いだすことができます。そのような人は困難に襲われても強く、へこたれません。何があってもブレない自分でいられるのです。だからどんな逆境もチャンスに変えることができ、安定したカウンセリングが可能になります。

どんなときもブレないでクライアントに接することは、一流カウンセラーの条件です。

なるにはポイント

- ✓ 人生全般の問題を扱えるカウンセラーになろう
- ✓ 自分に向き合い続ければ、自己一致と自分の使命を持つことができる

つらい経験を感謝に変える大切さ

カウンセラーが問題解決をする上で、持つべき大事な視点が〝感謝〟です。感謝については多方面からさまざまな研究がされていて、感謝の状態にあるときに起きる体の変化について次のような報告がされています。

・脳が活性化し、幸福感が高まる
・脳と体に好ましい影響を与えるセロトニンやドーパミンなどの神経伝達物質や幸せホルモンと呼ばれるオキシトシンが適切に分泌される
・自律神経のバランスが整い、自己回復力も高まる

これらは研究でわかったことですが、感謝をして生きている人ほど信頼関係を築く

のがうまく、良好な人間関係が維持できることを知っています。

感謝が私たちの体にもたらすメリットは大きいのですが、つらい経験をして傷ついた過去が多いほど、感謝に至ることが困難になるのです。なぜなら、私たちは世界を心のフィルターを介して見ているからです。心のフィルターとは、物事をとらえる枠組み（思い込み）のようなもので、これまでの経験によって無意識に形作られるものです。傷ついた心のフィルターを通して世界を見ると、どんな物事もネガティブにとらえがちになります。フィルターが違うと、今まで見えていた世界がガラッと変わると言っても過言ではありません。つらい経験を感謝に変えて、物事をニュートラルにとらえるフィルターを手に入れると、あなたの可能性は無限に広がっていきます。

一つ実例を挙げます。Aさんは幼少期の頃、母親から「我慢しなさい」と言われ、さらに意味もなく叩かれ、欲しいものを取り上げられることがよくありました。そしていつのまにか「私の望みはどうせかなわない」「世界や人は敵」という枠組み（思い込み）が作られました。Aさんは幼少期に作られたフィルターで物事を見るので、人から親切にされても裏があると疑います。Aさんには〝人からしてもらった親切に感謝する〟というなじみのない感情よりも、幼少期からなじみのある懐疑心を抱いてしまうのです。しかしこれでは人の親切に対して感謝することが難しくなります。

つらい経験を感謝に変えることは容易ではありませんが、人生を変えるほどの威力があるのでぜひチャレンジしてみてください。では、つらい経験を感謝に変える一般的な方法を2つ紹介します。

①感謝を数える

ささいなことでもよいので、今日あった感謝できることを紙に書き出します。たとえば「今日食べたご飯はおいしかった」「すがすがしい天気で気持ちよかった」などです。最初は書き出せる数が少なくても、継続するうちに感謝できることが増えていきます。そのうちに「1人で外出できる」「目覚めると家族がいる」など当たり前と思っていたことがそうではなかったと気づくことができます。

②内観をする

内観とは、自分の心に目を向けることです。静かな場所で自分の内側に意識を向け、次の3つのことを自問して、判断を入れずに答えを紙に書いてみてください。誰かにしてもらったこと、そのお返しにしたこと、迷惑をかけたこと。多くの人は、してもらったことの多さに気がつくはずです。思い出す過程で傷ついた過去があり、その心の傷が深い場合には感謝に至らない人でも適切なサポートがあれば物事の見方がガラリと変わり、つらい経験にも価値を見いだし感謝に至ります。

いかにネガティブな体験を感謝に変えていくことができるか?がカウンセラーにとって大事なポイントです。私たちのカウンセラー養成スクールでは、一般的な手法を超え、物理学の理論を用い、感謝へ至るプロセスを深く学びます。

それほど感謝は、人が幸せを考える上で大変重要なキーワードなのです。

なるにはポイント

- ✓ つらい経験を感謝に変えると、物事の見方が激変し世界が変わる
- ✓ 感謝はどんな経験にも価値があることに気づかせてくれる

使命・天命を知る大切さ

自分の使命・天命を知ると悩みが悩みでなくなり、生き方も変わると言われたら信じますか？　使命・天命の意味、見つけ方、そしてなぜ大切なのかを説明します。

使命を辞書で引くと「与えられた任務」と書かれていますが、生き様や人生を考えるときの使命はもう少し大きくとらえ、「命を使って成し遂げるべきこと」を意味します。生きる目的、または魂の目指すところと表現することもできます。

天命は天から与えられた命や、天が課した使命という意味で、使命よりも壮大なイメージです。使命は天命の一部であると言われたり、使命と同じような意味合いで使われたりすることもあります。私は使命が生きる目的、天命が生き方というイメージを持っています。

生きづらさや人生に不満を感じている人や人生の岐路に立っている人は、「自分の使命・天命は何だろう?」「どうしたら見つけられるのだろう?」と考えることが多いです。一方、今の人生に満足して平和に暮らしている人にとっては、使命・天命について考える必要性がないと感じるかもしれません。

そうだとすると今までの生き方を変えたいときや、もっと自分の内面を掘り下げて自分らしい人生を送りたいと悩んでいるときに、使命・天命について考えることが多くなるのではないでしょうか。実際に自分の使命・天命を探し出そうと試みたものの、うまく見つけられなかった人がいるかもしれません。実は使命・天命とは、自分から遠く離れたところにあるのではなく、今すでに、誰もが使命・天命のとおりに生きているのです。そこに気づかぬままだと、いくら遠くを探しても見つかりません。

あなたが自分の使命・天命を探すときには、外を探すのではなくあなたの内側を探すのです。まずはあなたの本当の感情を、注意深く観察してみてください。あなたにとって大事なものは何でしょうか? 本当はどんな気持ちなのでしょうか?

情報にあふれた社会に生きていると、自分はどう感じるのか、どうしたいのかがわからなくなるのはめずらしいことではありません。周りの期待に応えるために、ずっと自分の思いを抑えて生きてきた人は、自分は何が好きで何が嫌いかもわからなくなってしまいがちです。

自分の本当の気持ちを知るためには、心の中にある感情を言語化してみることが大事です。普段そのようなことをする機会がないと最初は難しいと思いますが、1日10分でもよいので自分との対話を始めてみてください。嫌なことは嫌だと思ってもよいのです。あなた自身の感情を素直に感じることを自分に許可してください。そうするとあなたが何にエネルギーを注ぎたいと思っているのかがわかってきて、使命・天命がくっきりと見えてきます。

しかし中には使命・天命がなかなか見えてこない人がいます。そのような人は、落ち込みや悲しみ、怒りの感情で内面が見えにくくなっていることが考えられます。これらの感情は物事を見えにくくしているノイズなので、感情を癒して感謝に変えていくことが必要です。

使命・天命が明確になるにつれて、今まで感じていたつらさやイライラなど、嫌だったことすべてに意味があることがわかり、悩みが悩みでなくなります。私たちが成長するきっかけは楽しい成功体験ばかりではなく、嫌な気持ちやつらい体験も含まれます。筋肉を鍛えるのと同じように、一度傷ついた部分は以前より強くたくましく回復するのと同じです。すべての経験は、あなたの使命を果たすために自分で用意したものであり、それは自分の成長を促すためにあったのです。

使命・天命の概念は困難な課題を解決するときに、とても役立つ考え方です。まずはあなた自身が使命・天命を見いだしたら、次はクライアントの課題解決に使ってみてください。

なるにはポイント

- ✓ 使命・天命は誰もが生まれながらに持ち、つらい経験を感謝に変えたとき認識できる
- ✓ 苦しくつらいと感じていたことが、使命・天命を知るとまったく違ったものに見えてくる

自分の死生観を持っていますか

死生観とは生と死に対する考え方のことであり、判断や行動の基礎になるものです。宗教の影響を受けることが多いため、現代ではさまざまな死生観が存在します。しかし死生観に正解というものはないため、自分の考えに合う死生観を持てばよいのです。私はカウンセラーこそ、死生観を持ってほしいと思っています。その理由は、人の悩みを解決する立場になると、死に関する話はどうしても避けられないからです。そこでカウンセラーを目指す人、現在プロの援助職に就いている人にも死生観を持つべき理由と、カウンセリングでそれをどのように生かせるかについて説明します。

なぜ死生観が重要か

祖父が仏教の僧侶だった影響で、私は子どもの頃から輪廻転生や死んだら魂はどこへ行くのだろうと考えていました。周りの大人に聞いても答えは見つからず、それでもしつこく聞き続けて叱られることもありました。日本では死について語ることをタブー視する傾向にあるように思います。今がとても元気な人は、死について考える必要性を感じないものかもしれません。しかし死は生の対極にあるのではなく、生に含まれ、生の延長線上にあるのです。

人の悩みや苦しみには、誰かを亡くした悲しみ、自分自身の死に対する恐怖など、死をテーマとするものが多いため、カウンセラーは死の問題を避けて通るわけにはいきません。生きるのがつらい人や、大病を患い死の恐怖を抱える人があなたの元に来たとき、死というテーマに動揺したり、死に向かい合うのを避けたりするわけにはいきませんよね。死を語ることをタブーと考えていたら「そんなこと考えないで」「生きることに集中してみよう」など、的外れなアドバイスをすることになってしまいます。死について悩みや苦しみを抱えるクライアントに対して適切な支援を行うためには、カウンセラーが死生観を持つことはとても重要です。

死生観を持つと何がよいか

死は生きるものすべてに訪れ、死から逃げることはできません。そのため人は死を恐れ、何も手につかない状態になることもあります。死についてしっかり考え、自分なりの死生観を持てるようになると、死への恐怖の耐性ができると同時に死に対するとらえ方が変わり始め、心が安定してきます。死について考えていると、限りある自分の時間を大切にする気持ちが芽生え、それが生きる姿勢になるのです。つまり死を考えることは、生き方を考えることでもあったのです。

「死にたい」に隠れたメッセージ

「生きているのがつらい」「生きている意味がわからない」「明日が来なければいい」「楽に死ねるならそうしたい」など、クライアントが死にたい願望を持っていたらどのように対応しますか？　こんなとき、もしあなたが死をタブーだと考えていると、死にたいと思っている相手を否定する気持ちが出てきたり、動揺したりします。もうこれ以上傷つきたくないクライアントは、とても敏感にあなたの気持ちを察知します。カウンセラーがクライアントの考えを心の中ででも否定してしまうと、信頼関係は生まれず心を打ち明けてくれません。それどころかクライアントに対して、悪い影響を与える可能性すらあります。

一度でも本気で死を考えたことがある人は「死にたい」というメッセージの裏にどのような心が隠れているか、想像することができると思います。そのクライアントは、死にたいと言いながらも死なずにあなたの元に来て、つらい気持ちを伝える力を持っているのです。クライアントの生きようとする力を信じ、カウンセラーが一緒にそのつらい気持ちを感じるだけでも、クライアントの心を少し軽くしてあげることができます。死は重いテーマであるために、カウンセリングではかなり強い衝撃を伴うことがあります。そんなときでも動揺せず、死を否定せずに問題と向き合うためにも死生観を持ち、カウンセラー軸の強化をはかることが必要です。

なるにはポイント

- ✓ 死がテーマの問題にもしっかり向き合うために、死生観を持つことが必要
- ✓ 死生観はカウンセラーの軸を強化し、クライアントへ適切な支援が行えるようになる

幸せなカウンセラーになる7つのルール

プロのカウンセラーとして悩みを抱える人の支援をするには、まず自分が幸せであることが必要です。そこで幸せなカウンセラーになる7つのルールを紹介します。

ルール① 自分の感情に素直になる

自分の気持ちにフタをしていると、幸せにはなれません。嫌な気持ち、うれしい気持ちになるのはどんなときかを自覚して初めて、幸せになる方法がわかるからです。嫌な気持ちにフタをして、がまんして生きていませんか？ あなたが今幸せを感じられないのなら、必要以上に感情を抑えている可能性があります。素直に気持ちを感じる許可を自分に与えましょう。

ルール② 自己肯定感を上げる

「自分なんかどうせ」「自分には価値がないから」「もっとがんばらないとダメだ」が口癖の人は、無意識に失敗するような行動を取ってしまいがちです。この癖は自己肯定感を奪い、幸せが遠のいてしまいます。

そんな人は、「自分がダメだ」と思っているところに意識を向けてみてください。そのダメな部分は、必ず自分や誰かの役に立っていることがあるという視点で自分を見つめ直してみると、うれしい発見をすることができます。

ルール③ ストロークを与える

ストロークとは、人とのふれあいや愛情によって得られる存在認知の働きかけのことです。ストロークには受け取った人がよい気分になる肯定的ストロークと、不快な気持ちになる否定的ストロークがあります。人はストロークなしでは生きていけないと言われ、肯定的ストロークがもらえないときは否定的ストロークでも欲しがります。子どもが母親の注意を引くため、問題行動を起こすのは否定的ストロークを求める一例です。自分がストローク不足だと、人に肯定的ストロー

※参考文献：刀根健『ストローク・ライフのすすめ』フォーメンズ出版、2008年

クを与えられません。まずは自分に対してほめる、ゆっくり休むなどの愛がこもった肯定的ストロークを与えましょう。

ルール④　感謝をする

「つらい経験を感謝に変える大切さ」で解説したとおり、感謝は物事の見方をガラリと変える力があります。過去につらい経験をして、どんなに傷ついたとしても、その経験を感謝に変えることによって、その経験は価値があるものだったと思えるのです。つらい経験であればあるほど、それを感謝に変えると自分の強みとなり、人生を大切に感じられます。感謝の気持ちは幸せへの近道なのです。

ルール⑤　自分の心の中に安全基地を作る

自分の幸せを結婚、夫、仕事、収入など外的な価値に設定すると、いつまでも幸せにはなりません。外的環境をすべて自分でコントロールすることはできないため、予期せぬ変化が起こったときに自分が揺らいでしまいます。自分の内面に揺るがない安全基地を作り、コントロールを手放し、あるがままを受容できるマインドを育てましょう。

ルール⑥　譲れないもの譲っていいものを見分ける

譲ってもよいものを譲らないでいると、苦しみが増えるだけです。自分は何を譲るべきではないのかを決めて、それ以外は譲るようにすると気持ちやお金・時間に余裕ができ、力を注ぎたいことに集中できます。対人間のムダな争いも避けられます。

ルール⑦　自分の価値観に沿った努力をする

自分が本当にやりたいことや目指す生き方に沿う努力は喜びですが、価値観に合わないことを一生懸命がんばっても疲弊するだけです。価値観に沿った努力は使命・天命に従ったものであり、喜びを伴う幸せながんばりは疲れることがありません。

なるにはポイント

- ✓ 自分の内面と向き合い、大切にしたいことや目指す生き方を見つける
- ✓ 価値観に沿った努力は喜びであり、それ自体が幸せでもあると気づく

第3章

大公開！
売れっ子カウンセラーのリアルな日常

人気カウンセラーの1日

会社勤めをしていると就業時間はずっと拘束されますが、開業カウンセラーは1日のスケジュールを自分で決めることができるのが利点です。また在宅カウンセラーは通勤が不要なので、満員電車や通勤に時間が取られることはありません。次に紹介するのは、ある1日の私のスケジュールです。

スケジュールは日によって変わり、あえて何も予定を入れないときや、反対に非常に忙しいときもありますが、すべて自分の意志で決めることができます。開業カウンセラーの利点はほかにもあります。

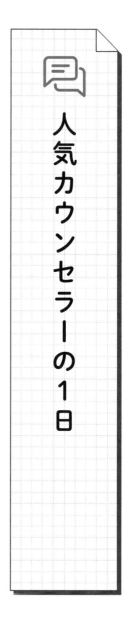

時間の管理ができる

自分で時間の管理ができるところが、開業カウンセラーの一番の魅力です。勤めて

人気カウンセラーの1日

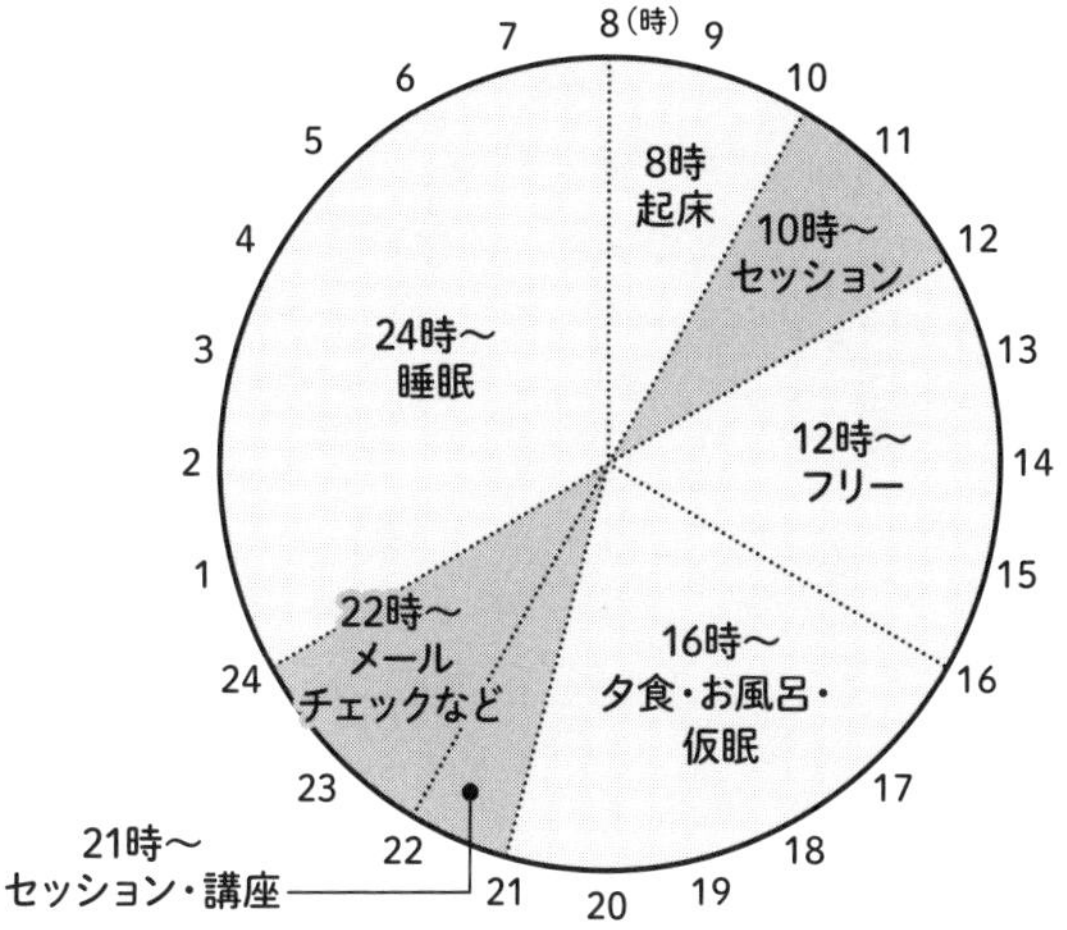

いたときは、混雑した電車での通勤や職場の人間関係で気を使い、家に帰るとぐったりしていました。今は忙しくてもすべて自分で決めたことなので納得できるし、楽しいからさほど疲れを感じません。起業前は仕事といえばがんばるもの・耐えるものでしたが、今では楽しみへと変化しています。

開業カウンセラーは育児中の人、家族の介護をしている人でも、自分のペースに合わせて働くことが可能です。昨今は在宅ワークとオンライン化が広がり、場所を選ばず仕事ができるようになって、さらに時間の管理がしやすくなりました。

稼ぐ額を自分で決められる

就職すれば安定収入が得られる時代は終わり、リストラや倒産はめずらしいことではなくなりました。また会社員としての給与は、自分で好きに設定できません。たしかにカウンセラーとして起業することは、決して簡単な道のりではないですが、ビジネスの知識を使って仕組みを作り正しい努力をすれば、勤めていたときよりも稼ぐことができるとわかりました。それ以上に自分で稼ぐ額を決められるようになったことが、私にとっては何よりも重要だと思っています。お金と時間が自分でコントロール可能になれば、縛られる人生から脱出し、自分が人生の主人公であるという思いで人生の質を高めることができると考えるからです。

最高の喜びが得られる

私は作業療法士時代から人の支援を行うのが好きでした。患者さんがリハビリを経て自分らしい生活を取り戻していく姿を見るのが何よりもうれしかったのを覚えています。カウンセラー兼講師である今は、長い間苦しんだクライアントの悩みが解けていき、輝き始める瞬間に多く立ち会っています。ドラマや映画ではとうてい味わえないほどの魂が震えるような感動の場面を、目の前で見ることができるのは最高の喜びです。

私の受講生たちも、自分の問題を解決して仲間と共に成長していく姿を見せてくれます。彼らが「Ｂｅ（ふさわしい自分になる）、Ｄｏ（行動する）、Ｈａｖｅ（持つ）」（１４４ページ参照）の順番どおりに成長して夢をかなえていく姿を見るのも、私の大きな喜びです。仕事で喜びが得られるからこそ、どんな困難があっても続けられるのだと思います。

なるにはポイント

- ✓ 自分で決められることが多いほど、人生の質が上げられる
- ✓ 喜びが得られる仕事であれば、困難があっても乗り越え、続けられる

開業カウンセラーだからこそ得られる最大の喜びとは

カウンセラーとして独立すると、自分のビジネスに全責任を負わなければなりません。しかしその分、得られる喜びは大きくなります。

起業してカウンセラーになると決めた後でも、複数のブレーキがかかり前に進めなくなることがあります。ブレーキの例としては、自分にできるか自信がない、資金がない、時間を捻出できないかもしれないなどの不安です。しかし本当にやりたいという強い思いがあれば、へこたれそうになっても一つずつ困難を乗り越えることができます。起業後も当然ながら問題は次々に発生します。そのたびに問題に取り組み、失敗や困難を乗り越えながら成長して前に進めなければ、成功することはできません。

この経験の積み重ねが、クライアントの問題解決に生きてきます。クライアントの問題を解決して幸せに導くためには、日ごろから自分自身の問題にそのつど取り組み、自分を幸せな状態にしておく必要があります。なぜなら自分に問題が山積みで毎日つらいのに、人の問題を解決して幸せへと導くことは難しいからです。先ほど述べた起業のブレーキを外す作業も、自分が抱える問題への取り組みの一つになります。自分の問題に真剣に向き合い、一歩ずつ解決して前に進むことによって、問題解決スキルに磨きをかけることができるのです。その過程で新しい気づきや学びを得るごとに目標に近づき、幸福度が増します。これらの経験は、開業カウンセラーとして成功するために必要なことです。

さらに問題の解決にはレベルがあって、より高いレベルで解決できれば満足度・幸福度は上がります。「モラルハラスメントをしてくる夫に悩む妻からの相談」を例に問題解決のレベルを説明します。

夫が妻に対して人格否定、尊大な態度、見下す態度に悩んでいるという相談に対する問題解決のレベルは、7段階に分けることができます。

レベル０：カウンセラーに話すことで悲しい気持ちがちょっとすっきりする
レベル１：夫に対しての見方や視点がちょっと変わった
レベル２：自分の問題として主体的にとらえることができた
レベル３：夫との関係性が変わってきた（ここまでの実力は最低限必要）
レベル４：家に帰ったら夫が別人のように優しくなっていた
レベル５：ありのままの夫と自分自身を愛して理想の夫婦関係になった
レベル６：毎日幸せを感じ、自分の使命・天命を認識して人生を主体的に切り開く力を持てた

短時間の傾聴カウンセラーだと、問題の解決レベル0か1くらい、高くてもレベル2くらいと思われます。しかしつらい思いをしているクライアントのことを考えると、関係性を変える（レベル3）までは持っていきたいところです。

カウンセリングのプロであれば、少なくともレベル3までを求められると思いますが、解決までに要する時間も重要です。たとえばこの事例でレベル3の解決（夫婦の関係性を変える）までに2～3年かかったとすると、相談者の苦痛があまりにも長く

続くことになり、良い支援とは言えません。どれだけ短い時間で問題の解決ができるかは、クライアントにとってはとても重要なことです。もしも1回のセッションで、レベル4の解決ができればどうでしょう。あるいはレベル5や6まで解決ができたとしたらどうですか？ 来たときは被害者だった妻が、セッションを終えたときには主体性を持ち、使命と感謝にあふれた人になり帰っていく姿を見られるとすばらしいですね。どのレベルまで解決できるかがクライアントに選ばれる決め手になるので、解決レベルの向上に努めることがとても大事になります。

組織に属しているカウンセラーとは違い、開業カウンセラーは最後まで一人のクライアントに責任をもって見届けます。つまりクライアントの魂の成長を目の当たりにすることになります。これが開業カウンセラーの最大の喜びであり、原動力にもなるのです。

なるにはポイント

- ✓ 問題解決レベルを上げる努力は必須
- ✓ 解決までにかかる時間も重要視しよう

こんなに違う！ 一般的な企業勤めと人気カウンセラーの収入

これからカウンセラーとして起業を目指す人は、起業後どれくらい稼ぐことができるかについて関心があると思います。まずは、一般的な企業勤めと心理職の平均給与を比較してみることにします。

令和4年分の国税庁の民間給与実態統計調査によると、会社で働く人の平均給与は次のとおりです。

平均給与……458万円（5078万人）
平均月給……32・2万円

一方心理職は専門性の高い仕事ではあるものの、一般的な企業勤めの人に

※参考：国税庁「令和4年分 民間給与実態統計調査 調査結果報告」
https://www.nta.go.jp/publication/statistics/kokuzeicho/minkan2022/pdf/002.pdf

比べると給与はあまり高くありません。厚生労働省職業情報提供サイトで公開されている医療福祉分野で働く心理カウンセラーの給与は次のとおりです。

平均給与……443・3万円（16万3750人）
平均月給……23・3万円
※ここから保険や税金を差し引くと、手取り額はもっと下回ります。

しかし独立したカウンセラーのうち人気カウンセラーになると、勤めているカウンセラーとは収入の桁が異なります。人気カウンセラーの収入の統計が存在しないので、私の体験を参考に紹介しますね。

開業カウンセラーの年収は、一般的にかなりの幅があると言われています。その理由は何度か触れてきましたが、ボランティアに近いような安い料金でカウンセリングを行うカウンセラーが一定数存在するからです。こうなってしまう理由は、開業して間もないころにビジネスの仕組みがないにもかかわらず、やみくもに集客に走りがちになるからです。

※参考：厚生労働省「職業情報提供サイト　カウンセラー（医療福祉分野）」
https://shigoto.mhlw.go.jp/User/Occupation/Detail/411

私は作業療法士として働きながら、副業でカウンセリングの仕事を始めました。最初はまったく稼げませんでしたが、仕組みをしっかり作ると月の収入は100万円を超え始めました。カウンセリングを1回5000円や1万円のように、単回の料金設定で続けていたら、ここまで稼げることはなかったでしょう。なぜなら1回1万円に設定したとして月に100万円稼ぐためには、ひと月に100人カウンセリングを行う必要があるからです。100人にカウンセリングを受けてもらうには、いったい毎月何人集客しなければならないか、またそれを継続していくことがどれだけ大変なことかは容易に想像がつくと思います。

人気カウンセラーは、すぐれた問題解決力とビジネススキルの両方を備えています。無数に存在する開業カウンセラーの中から選ばれるためには、技術力があるのを前提に、ほかのカウンセラーとの違いや良さを的確に伝えなければなりません。集客後に成約まで進めるためには、ヒアリング力とプランニング力、それにより得られる結果を、明確に愛を持って提示できることが求められます。抱えている問題の解決で終わるのではなく、クライアントがなりたいと思っている自分になるため（願望実現）のプランまで用意するのが、一流の人気カウンセラーです。このようなプランは通常長期に及び、高料金の契約になります。

売れるカウンセラーになるための秘密は、高いカウンセリング技術力とマーケティング力です。高い技術力があれば、短時間でクライアントの悩みの本質を見抜き、どのくらいの時間でその悩みが解決できるのかを提示できます。深いトラウマを解決することと願望を実現することは同じだと知っているからこそ、なりたい自分になるまで支援するプランを作ることができます。これができるカウンセラーは、高単価のカウンセリングコースが売れるのです。長く安定したビジネスを続けるためには、カウンセラーとしてこのようなしっかりした基盤を作ることがとても重要になります。

なるにはポイント

- ✓ 人気カウンセラーの収入は、会社勤めの平均収入とは桁が違う
- ✓ 稼げるカウンセラーになるには、高いカウンセリング技術とマーケティング力が必要

売れっ子カウンセラーの収益率は売れない人の倍以上

売れっ子カウンセラーと売れないカウンセラーの大きな違いは、まず自分が幸せで気持ちが安定しているかどうか。そして問題解決力と戦略です。ビジネスの知識がないまま起業した人は、クライアントを得るためにはまず集客することが必要だと考えがちです。実際に集客をしてみると、お金と時間がかかる上に、思うようにクライアントや問い合わせが来るわけでもありません。かなりの労力をかけて、やっと1件仕事が得られたとしても、リピートにつながらず1回でカウンセリングが終了してしまうことはめずらしくありません。

一方、売れっ子カウンセラーはビジネスの知識を持ち、集客をする前にビジネスの仕組み作りをすることが大事だとわかっています。そこでまずは集客を始める前に市場と競合を徹底的にリサーチします。自分の能力・強みから、どの立ち位置でビジネスを展開していけばよいかを決めます。その過程で自分はクライアントがお金を払ってもいいと思えるほどの結果が出せるかも考えなくてはなりません。不足していると感じるなら、まずはスキルを身につけなければ商品がないも同然です。

両者の違いは、集客の大変さと成約率という形で現れます。集客に大変な思いをする売れないカウンセラーに対し、売れっ子カウンセラーは高単価契約ができるので1件の仕事を得るために集める人の数は少なくてすみます。

それだけではなく、カウンセリングの内容や料金設定の仕方も異なります。カウンセリングの料金は、1回の時間ごとに決められている場合が多いです。クライアントは1回ごとにお金を払いますが、自分はいつまでこのカウンセリングを続けるのだろうかと不安になるかもしれません。

それに対し売れっ子カウンセラーの場合は、3カ月や半年と契約期間を決め、さらにゴールも設定します。一流のカウンセラーになると問題解決をするだけではなく、その後になりたい自分になるまでの支援も行います。お客様が望むゴールと、そこに行くまでの道筋もはっきり示されたプランを提示することで、それが欲しい未来を手に入れるための唯一の方法だと、お客様に確信してもらえます。これが売れるカウンセラーの成約率が格段に高い理由です。

【売れないカウンセラー】

・やみくもに集客に走る

・問題解決のスキルが低い

・戦略がなく、高単価コースの設定がない（できない）

【売れっ子カウンセラー】

・市場と競合を徹底的にリサーチしポジショニングする
・集客の前に売れる仕組みを作る
・問題解決力が高く、長期コースの契約ができる

ここまでの説明でわかるように、売れっ子カウンセラーは売れないカウンセラーに比べて、次のような点で効率的であることがわかります。

・狙った市場で選ばれる価値を伝えるので、優良見込み客が自然と集まる
・高額なコース商品（バックエンド商品）がある
・問題解決に終わらず、その先の願いもかなえるから成約率が高い

売れないカウンセラーは1回のカウンセリングごとに料金設定をするので、リピートしてもらえなければそれっきりです。1回1万円のカウンセリングの場合、月30万円稼ごうと思うと、リピート客の数にもよりますが、毎月30人の申し込みが必要です。私がビジネスの知識ゼロで開業し、毎日アメーバブログで1日3記事書いていたときは、200記事書いてやっと1件の仕事を得ることができました。それを考えると、毎月コンスタントに30件の仕事を得る難しさを感じてもらえるでしょうか。それに対して高額なコース商品の場合は、内容にもよりますが1件30万円に設定することも可能です。そうするとひと月に1件の契約を獲得すればよいことになります。売れっ子カウンセラーは売れないカウンセラーの倍以上の収益率と言えます。

なるにはポイント

✓ 集客の前に市場・競合・自分の立ち位置をよく練り戦略を立てる
✓ 本当に価値のあるものが提供できれば、高額商品でもスッと売れる

第4章

リスクなく副業からカウンセラーを始める

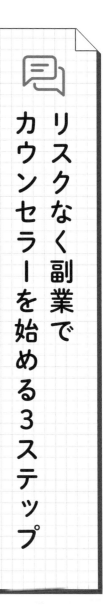

リスクなく副業でカウンセラーを始める3ステップ

リスクを抑えてカウンセラー業を始めるには副業から始めるのが賢明です。いきなり会社を辞めると、売らなければ収入が得られないという〝焦り〟が、大きな妨げになるからです。極力安全に、カウンセラー業を始めるための3ステップを紹介します。

ステップ① 価値・視点の変換

まずは悩みのかたまりといえる市場の状況と、そこに自分が対象とする顧客が一定数存在することを確認しましょう。そしてその市場にある悩みの解決を、顧客が望む形で提供できれば、ビジネスが成功する可能性は高まります。

多くの場合、自分がやりたいことや好きなことがそのまま商品になることはなく、市場に合う商品に変換または見せ方を変えたり、市場をずらす必要があります。そのためにはまず、対面型であれば起業する地域の人口・住む人の年齢層・立地を、オンライン型であれば狙った市場の規模や競合を徹底的に調べなければなりません。その上でニーズの有無を評価し、価値の変換や立ち位置を変えることで、失敗のリスクをかなり低く抑えることが可能です。

具体例を挙げてみましょう。Aさんはバイオリン演奏の報酬だけでは苦しいので、自宅でバイオリン教室を始めたいと考えています。ここでAさんは演奏から〝教える〟ことへ価値を変換、市場もスライドしています。しかし教室を開きたいAさんの自宅がある地域は、人口が少なく高齢者の比率が多い農村です。一般的にバイオリンを習いたい人は高齢者よりも若い人が多いと考えられるので、バイオリンの教室を開きたい地域のニーズは少ないと予想できます。

このようなときは、その地域に住む人たちの悩みや願望に目を向けてみます。60歳以上の年代は老化の悩みが多いと思われるので、バイオリンに何かをプラスすることで彼らのニーズに応えられないか考えます。私が講師を務める「量子・感情エネルギー変換メソッド」とバイオリン教室を組み合わせると、地域の特色に合わせた心と体にアプローチできる次のような商品を作ることが可能です。

・バイオリン演奏で指を使うことによる、脳の活性化や認知症予防
・終活を意識した家族間トラブルの解消コースや体の痛みをカウンセリングで解決

その後にオンラインプログラムを作り、全国展開していくとよいでしょう。もちろん初めからオンラインのみの展開も可能です。

ステップ② 行動の源になる〝想い〟の点検

起業に込めた想いは、これから起業の試練を乗り越えていくための原動力になる最も重要な部分で、志《こころざし》とも言えます。しかし想いの中身によっては、挫折する可能性があるため、〝中身〟の点検をしてみてください。特に次の2つが要注意です。

一つは現状からの逃避が根底にあること。ネガティブな感情を動機に置き換えるのは悪いことではないのですが、職場の人間関係が難しいから会社を辞めたい、または楽をしたいなどの逃避が根底にあると、挫折の可能性が高まります。

もう一つは起業への想いがダミーであること。想いを深掘りしていくと、その想いがダミーである可能性があります。この場合も挫折するリスクが高まるので要注意で

す。なぜ起業でなければならないのか？　あなたが心から望んでいることは何か？　それをかなえるために起業することが本当に必要なのかを自問してみてください。

ステップ③　行動のブレーキをはずす

起業を決めても行動に移せないときは、何がブレーキになっているかを紙にすべて書き出してみます。書き出した内容を見ると、多くはまだ起きていないことへの恐怖や不安が出てくる人も多いでしょう。何に対して恐怖や不安を感じているかがわかれば、すべてを感謝に変えることでブレーキは自然と消えていきます。同時に、自己認識も確認してください。たとえば「私はどうせ何をしてもうまくいかない」という認識であれば、当然行動にブレーキがかかります。その場合は、その思い込みが生まれた心の傷も徹底的に扱いましょう。

なるにはポイント

- ✓ 自分の価値を顧客の悩みや願望に沿ったものに変換する
- ✓ 心からの望みと想いは、起業後の試練を乗り越える力になる

開業費、ぶっちゃけいくらなの？

売れるカウンセラーになるために必要な開業準備と費用についてくわしく説明します。開業後、なかなか集客できず困っている人にも役立つ情報です。

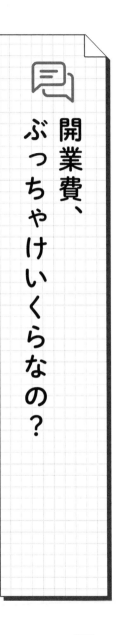

カウンセリング技術の習得費用

カウンセリング技術が学べる講座は非常にたくさんあります。限られた予算の中での選択になると思いますが、講座選びはその後の収益を左右する非常に大事な商売道具である技術への投資となります。

新しくデビューしたカウンセラーが、すでに起業しているカウンセラーと同じ技術しか持っていないとすると、実績や知名度、技術力では勝つことは難しく、価格を下げるしかありません。価格競争で疲弊したくないなら、ほかでは不可能なことができる技術を身につけて、差別化することが必要です。一つの技術で体やペットの問題解決、トラウマの克服や願望実現までできれば、クライアントとの長期契約も可能になります。一生使う商売道具ですので、後悔のない選択をしましょう。

ビジネススキルの講座費用

開業後はすぐに集客したくなりますが、まずはビジネスの仕組みを作る必要があります。仕組みがない状態でブログやホームページを作って集客しようとしても、成功する可能性はかなり低いです。また個人の魅力でどんどん集客できるならよいですが、多くの内向的なカウンセラーには、自分の魅力だけで集客するのはハードルが高すぎます。さらに競合がひしめく市場で、これまでの自分の経験をアピールしたとしても、差別化ができていなければお客様に選ばれるのは難しいでしょう。競合との差別化やポジショニング・セールス・コピーライティングなど、ほかにも多くのことを学ぶ必要があります。

私の講座では、心の技術とマーケティングの両方が学べると同時に、自分を癒すことと人生の問題解決を徹底的に行います。なぜなら何か新しいことに挑戦するときに

カウンセリング技術の習得費用の相場	50〜150万円
ビジネススキルの講座 （集客やコピーライティング技術など仕組みの一部を学ぶ場合）	30〜50万円
ビジネススキルの講座 （仕組み作りに必要なすべてのスキルを学ぶ場合）	100〜300万円以上
ノートパソコン （作業効率が落ちない十分なスペックが必要）	10〜15万円
ピンマイク・ヘッドセット（声をクリアに届ける）	5000円〜1万円
外付けカメラ （ピントが合わせやすいものがおすすめ）	1〜2万円
LANケーブル（通信が不安定なときに必要）	約2000円
Zoomなどのオンライン会議システム	ひと月約3000円
インターネット環境	ひと月約3000〜6000円

は未解決の問題が繰り返し形を変えて起こり、行動が止まってしまうからです。これらを未然に防ぎ、クライアントを心から想うビジネスを確立するには、まずは自分の心の状態を整え、過去の体験をすべて癒やす作業が必須です。

開業届にかかる費用

副業・本業にかかわらず開業届は必要です。届け出る時期は、所得税法第229条で事業を開始した日から1カ月以内と定められていますが、1カ月を過ぎても罰則はありません。開業届を提出すると、屋号付きの銀行口座を作ることが可能になり、顧客の信頼につながります。税務署のホームページから開業届をダウンロードして、必要事項を記入後税務署に提出します。届け出には費用はかかりません。

設備に必要な費用

カウンセラー業は飲食店などに比べると、設備にお金はかかりません。地域で展開する場合でも最初は無理に部屋を借りる必要はなく、カフェやホテルのラウンジ、公民館などを利用しても問題ありません。自宅でオンラインカウンセリングを行うのであれば、パソコンは必須です。インターネット環境とノートパソコンがあれば、どこでもセッションできるのがオンラインカウンセリングの最大の魅力です。

なるにはポイント

- ✓ 後の収益を左右するカウンセリング技術習得への投資は慎重に行う
- ✓ ビジネススキルは正しい仕組み全体が学べる講座を探すことが必要

月100万円稼ぐシミュレーション

カウンセラー起業した後、年収に天と地の差が出ることはすでに説明したとおりです。開業カウンセラーが月100万円以上稼ぐためには、戦略的にビジネスを進めていかなければなりません。私は作業療法士として働いていたときに、副業からカウンセリング業をスタートしました。何もわからず手探りだった間はまったく稼げませんでしたが、ビジネススキルを学んでからは月100万円を超える収入を得ることができ、法人化してからは多いときで月8桁の収入を得るまでになりました。月100万円稼ぐカウンセラーが、どのようなカウンセリングを提供し、どのように集客・販売を行っているかを知ると、稼いでいるカウンセラーが行うべきことと行わないことがわかります。

カウンセラーが月100万円稼ぐためにしていること

・市場・競合・自分の事業（自社）のことを徹底的にリサーチ、分析する

事業を伸ばすためには市場（顧客）とライバル（競合）を知り、戦略を立てて事業を進めていく必要があります。そのために3C分析というフレームワークを用いて、重要成功要因（KFS：Key Factor for Success）を見つけだすことが必要です。3CのCは自社（Company）、顧客（Customer）、競合（Competitive）の頭文字です。

まず顧客が求めるもの（市場のニーズ）とライバルが提供しているサービスを理解し、未だ満たされていない顕在ニーズだけではなく、潜在ニーズも見つけます。ライバルが満たせないニーズをあなたが満たすことができないか、考えてみてください。

リサーチのないビジネスは不安定になるため、最初にしっかり行いましょう。

・仕組みの基礎であるポジショニングを行う

3C分析を通して見えてきた多くの情報を元に、ポジショニングをしていきます。

ポジショニングとは、市場におけるライバルとの違いや優位な位置を定めることです。

たとえば私たちの講座で教えている「量子・感情エネルギー交換メソッド」では、技

図1　量子・感情エネルギー交換メソッド

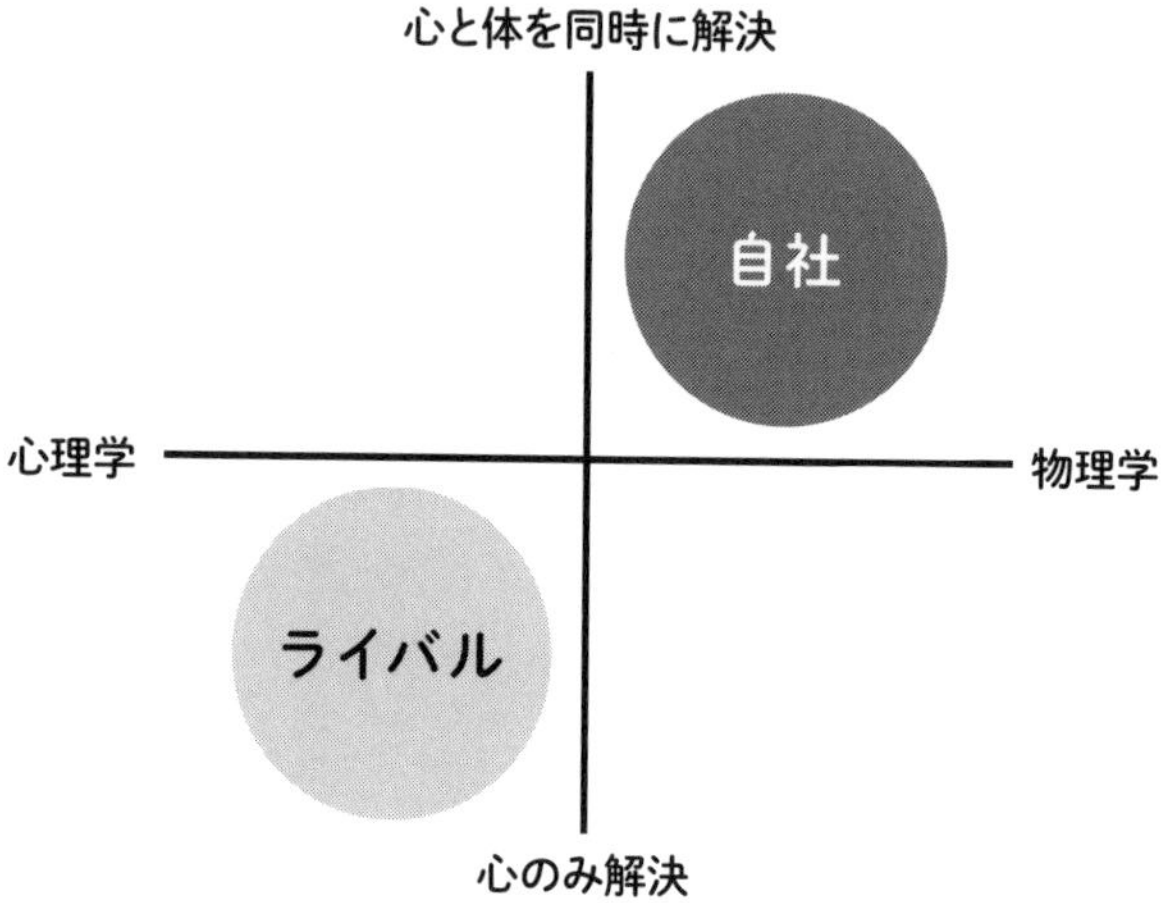

術面で比較すると、上のマップになります（図1）。心の講座の分野では左下が心理学系の講座で、右上が綿貫カウンセラー養成スクールです。マップにすると一目で何が違うのか？　どのような点で優位なのかがわかります。

ライバルや市場が変わると、ポジショニングマップも変わります。たとえばライバルがビジネススクールになる場合、ポジショニングマップは次のように変わります（図2）。

このマップをぱっと見ただけで〝カウンセラーとして起業したい人〟にとっては起業よりも、カウンセラー養成スクールのほうが大変魅力的に見えるはずです。万人受

図2　ポジショニングマップ

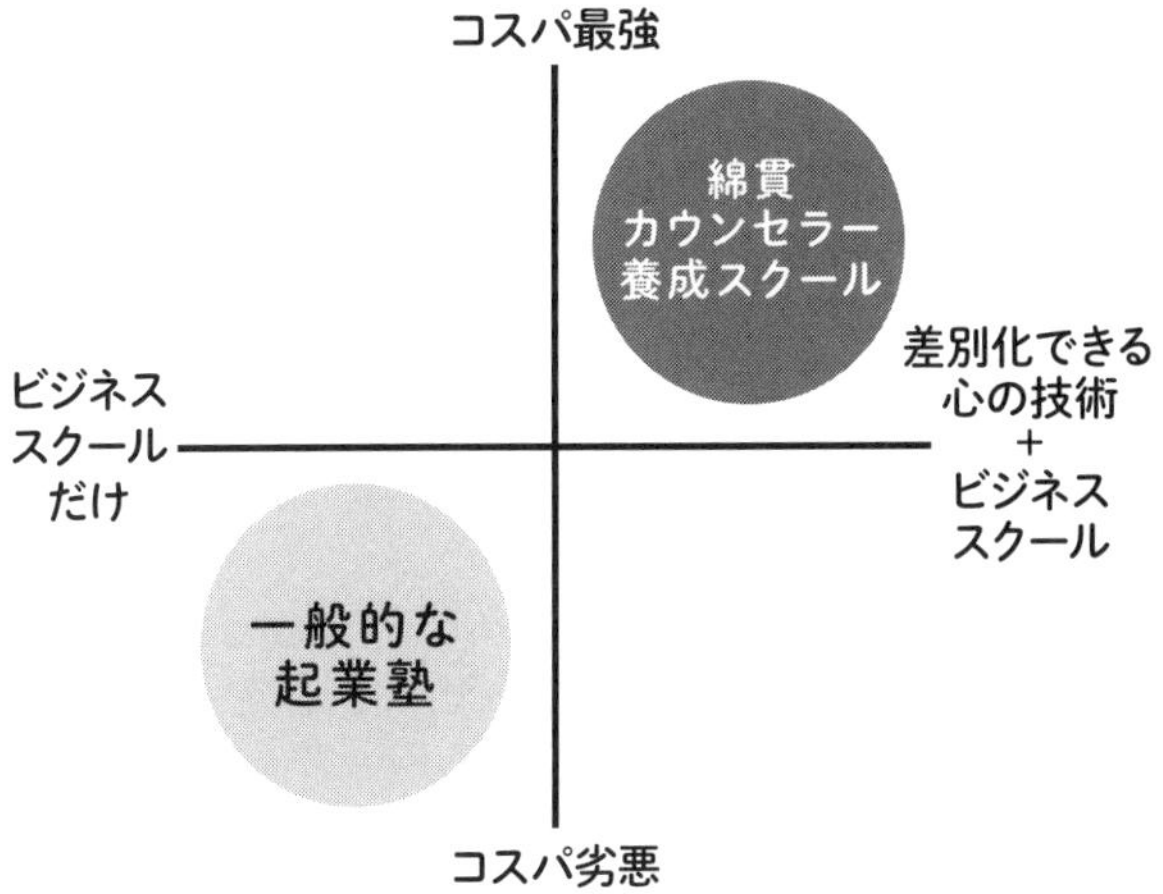

けする必要はなく、あなたの理想のクライアントにとって一番になれればよいのです。

このように切り口や見せ方を変えると、印象も売り上げも変わります。ポジショニングは仕組みの基礎なので、しっかり考えてください。この基礎がなければ確信を持って発信することもできず、見込み客に振り向いてもらうことは困難です。

・集客

集客にはお金と時間がかかるので、やみくもに集客すると負担のわりに成果が得られません。稼ぐカウンセラーは前述したポジショニングができているので、見込み客に響くコンセプトを持っています。そのた

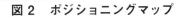

め、最初から見込みの高い人が集まります。

発信の軸も、事前にしっかり設計されているために、ムダがありません。設計図を基に仕組みを作り、最後に発信（集客）をするのが稼げるカウンセラーです。

稼げるカウンセラーがしないこと

・無駄な作業に時間を使う

市場や競合を理解せず、戦略を立てないままの見切り発車は絶対にしません。成果を得るため、本当に必要なことに時間を使うのが鉄則です。

・商品の押し付け

自分ができることだけを押し付けるセールスはしません。クライアントの問題解決に必要なプランを個別に作成する力があるからです。自分のコンセプトに魅力を感じるお客様だけやって来るので、成約率は大変高くなります。

・単発・安価な商品を売る

1時間8000円など、単回のカウンセリング料は設定しません。クライアントが求める結果を実現するまでの価格を提示します。長期で価値のあるコース商品は、高額であっても求められます。たとえば1人30万円の契約を、1カ月で4人と結ぶことができれば、月120万円の売り上げです。

なるにはポイント

✓ 市場とライバルを分析して、自分の強みを生かした戦略を立てる
✓ 技術を磨いて相手にカスタマイズした高額商品を作り、集客は狙って効率的に行うと負担が少ない

コーチングがうまくいかない原因はどこにあるの？

悩みの解決手段として、カウンセリングと似たコーチングという手法があります。カウンセリングとコーチングは、ともに人の支援を行います。クライアントをより良い状態に導くために傾聴したり、質問を投げかけたりするコミュニケーション方法は共通しています。

カウンセリングはつらい気持ちや悲しい気持ちを扱い、マインドをプラスマイナスゼロ地点まで引き上げます。これに対してコーチングは一般的にクライアントの目標達成や願望実現の支援をします。カウンセリングとは異なり、見る方向は未来で、ゼロ地点からプラスの状態を目指します（図3）。

簡単に言えばカウンセリングは心がつらい状態のときに、コーチングはかなえたい

図3　カウンセリングとコーチング

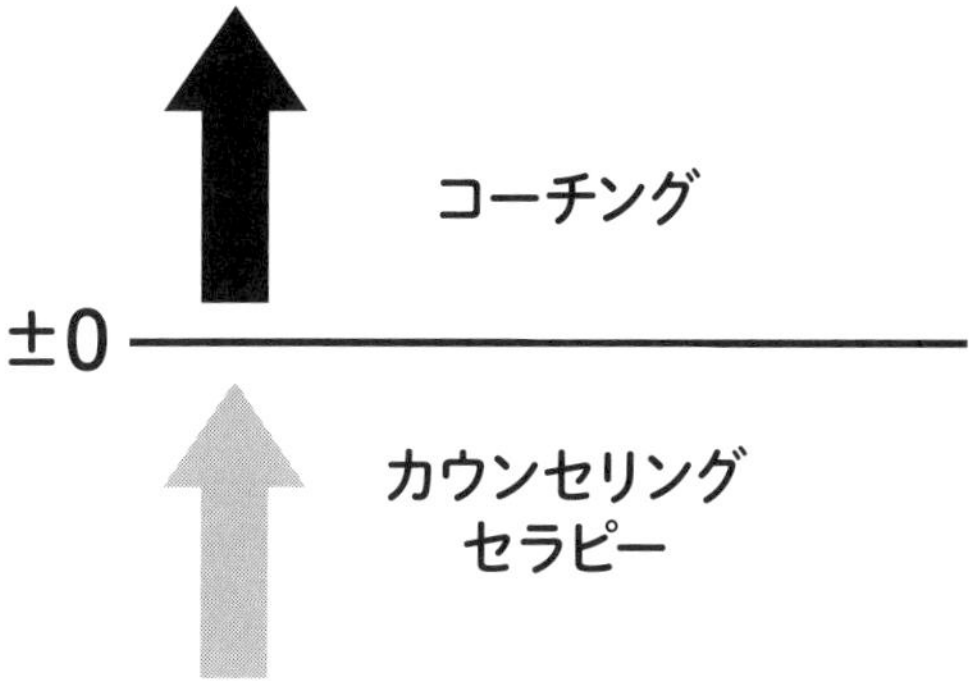

未来があるときに利用するのですが、実は両者の領域はつねにはっきり分けられるものではありません。なりたい自分になろうと思っているのに、過去のトラウマが原因になってそれを邪魔することがあります。

このようなケースでは、クライアントは願望実現を望んでいるのに、トラウマのせいで必要な行動がとれず前に進みたくても進めない問題が生じます。このような場合は、コーチがクライアントにどのようなコーチング手法でアプローチをしても、原因になっているトラウマを放置したままではうまくいきません。

それどころか、コーチが提案した行動計画やクライアントが自らやると決めたことがなかなか実行できない状態が続くと、当然結果が出ません。コーチは成果が出せないことやクライアントの役に立てていないことに落ち込み、クライアントに怒りさえ感じてしまいます。こうなるとコーチとして自信がなくなり、セルフイメージが低くなって顧客獲得がうまくいかなくなり、売り上げも安定しなくなります。

こんな恋愛コーチの例があります。クライアントのAさんは、素敵な恋人が欲しいと思って恋愛コーチングを受けました。出会いを求めて行動し、恋愛対象の人にLINEやメールもマメに送ってアピールできる人なのですが、どうしてもうまくいきません。実はAさんには、トラウマ由来のブレーキがありました。それはAさんの両親の仲が悪かったことに起因します。Aさんは父が母をいじめているのをよく目にしていたために、父に対する怒りを持っていました。Aさんは、彼氏ができたとしても「女は男に嫌なことをされるもの」であり、結局は不幸になるだけと深層心理に深く根づいて本人は気がついていません。そのため良い出会いがあってもわざわざうまくいかなくなることをしたり、自分に合わない相手を無意識に選んだりして「やっぱりうまくいかない」ことを確かめるようなことをします。

このように自分からうまくいかないように仕向けるクライアントの行動は、コーチにとって不可解です。しかしカウンセラーの目で見ると、そこに何らかの心の問題が潜んでいることに気づきます。コーチは、夢の実現のために伴走する仕事なので、心の問題を扱うカウンセリングの技術を持たなくてもいいと思われがちですが、元気な人でもこのように心に深い闇を抱えていることはめずらしくありません。心の根深い問題を解決する技術がないと、クライアントの不可解な行動の原因が心の闇に潜むトラウマだと気づけないことがあります。コーチングが思うように進まずに悩むケースによく見られることです。

私の経験からわかることは、トラウマを扱うことと願望を実現することとは、実は一緒なのです。カウンセリング領域とコーチング領域の両方に十分対応できる技術が一つあれば、クライアントに貢献できる幅が広がります。コーチの方にもぜひトラウマを感謝に変える技術を学んでほしいと思います。

なるにはポイント

✓ コーチングでトラウマが扱えると、不可解な行動に対しても適切な支援ができる

✓ コーチがカウンセリングもできると支援の幅が大きく広がり、売れるコーチになる

稼げる占い師は相談者の問題解決をしている

占い師は一説によると最も古い職業と言われるほどで、現在でも占いは廃れるどころか若い世代にも人気があります。しかし現代はごく一部の人を除き、街の辻に立っている占い師は専業では食べていけないのが現状です。ボランティアや数千円の鑑料で占う人が多く、趣味の延長という位置づけになっていることが原因と思われます。ブログやSNSで集客しても、そこから食べていけるほどの売り上げを得られないと悩む占い師も多くいます。

そこで多くの占い師は集客を代行してくれるサイトへの登録、電話占い、LINE占いなどを利用しています。いずれも組織に属した働き方なので、指名が増えてもそれによって独立開業の占い師のように自分の名前が売れるわけではありません。組織にいる間は集客のことを考えなくてもよい代わりに、長時間に及ぶ待機時間で拘束される上に、大幅な収入増も非常に難しいと言えます。

占いだけでは収入が伸びないそのほかの理由に、占いがアドバイスに留まる以上、問題解決に限界があるのではないかと考えます。占いにはさまざまな種類がありますが、名前や生年月日に統計や独自の計算式を使って割り出した、運気やタイミングのアドバイスをするにとどまることが多いようです。そうなるとどうしても単発的にアドバイスをするだけになります。占い師としてこのような現状に対し満足しているならよいのですが、顧客の人生に寄り添いもっと役に立ちたいと感じる占い師は、苦しい思いを抱え続けています。顧客も単発的なアドバイスに留まるという占いの限界を認識しており、うまくいかないと「あれは占いだから仕方がない」とあきらめるか、良いことを言ってくれる占い師を求めてさまようことが多いです。

一方カウンセリングは悩んでいる人の話の中から、本当の問題を見つけだしてその場で解決へ導いていきます。コース契約をすれば、目指す地点へクライアントを連れていくことも可能です。価値のある長期の契約は、一般的に高額です。さらにお客様の人生に寄り添った支援が可能になるだけではなく、お客様にも心から喜んでもらいながら、カウンセラーも豊かになっていきます。

私の受講生の中には占い師がいます。カウンセリングやコーチングの技術を身につけた占い師はとてもユニークであり、良いビジネスモデルになると思っています。なぜなら悩みを相談したいとき、占いはカウンセリングに比べると気軽に試せる窓口になるからです。深い悩みを抱えた人に対して、カウンセリングやコーチングのサポートができる高単価のバックエンド商品を用意しておくと、普通の占い師とは一線を画した選ばれるポジションを築けます。

インターネットが発達した現代では、ウェブサイトで生年月日を入れると無料で占える時代になり、今後ますます占い市場は単価が上げにくくなりそうです。カウンセリングとコーチングの技術も持つ占い師になると、その価格競争に巻き込まれることはありません。占いは大きな市場ですが競合が多く、後からの参入者には厳しい現実が待っています。なぜなら人気のある占い師や占い歴の長い優れた占い師にファンがついてリピート客を囲い込んでいるからです。

したがってマーケティングの知識がなければ、いつまでも月数万円しか稼げない、またはボランティアから抜け出せない状態に陥ります。稼ぐ占い師は売れるフロントエンドとして占いを提供し、必要な人に対してカウンセリングで問題解決へ導き、夢を実現するコーチングも行えます。

これだけ市場が厳しいと、悩める占い師も多いと思われます。そんな占い師がカウンセリング・コーチングの技術を身につけると、自分自身の人生の問題解決も可能になるので、これから占い師で稼いでいきたい人におすすめしたいスキルです。

なるにはポイント

- ✓ 深いトラウマの解消をコーチングできる占い師は、価格競争に巻き込まれない
- ✓ 占いを悩みの入口として、バックエンド商品による問題解決を出口とする仕組みを作る

年代別でわかる、カウンセラーになった人の成功法則

カウンセラーは歳を重ねるほど人生の経験値が上がり、クライアントからの信頼を得やすい傾向にあります。それだけに各年代にふさわしい経験をすることは財産になり、それが成功法則になります。以下、年代別の成功法則を紹介します。

30代カウンセラーの3大成功法則

①何の専門家になるか決める

30代のカウンセラーはまだ若く、クライアントが年上であると年齢で頼りなさそうと思われることがあるかもしれません。そのため自分の専門を決めておくとよいでしょう。特に20代〜30代が悩みがちな恋愛、婚活はおすすめの市場です。

②人間関係に向き合う

30代は結婚・出産・子育てを経験し、人間関係が複雑になってきます。この時期にしっかりと人間関係に向き合い、自分の問題に取り組むと、後に宝になります。

③積極的に違う年代の人と交流する

特に自分よりも上の年代の人との交流を計画してください。理想的な人生を送っている人の30代はどうだったか、時間の使い方や年の取り方など、理想の先輩の話を聞くことはとても勉強になると思います。

40代カウンセラーの3大成功法則

①お金について賢くなる

老後が気になり始める年代です。将来どれくらいお金を稼いでどのようにお金を使うのか、シミュレーションしてみてください。誰もが豊かに生きたいと願うものですが、自分はお金に対してどのようなイメージを持っているのか、豊かになるとはどういうことかを考えてみましょう。

②冒険してみる

40代は自分の特性を理解し、人付き合いがパターン化してくる年代です。人生がうまくいっていれば、今の安全地帯から出ていく必要性を感じないかもしれません。しかし40代はまだ人生の半ばを過ぎたところです。心地良い空間に留まっていると、自ら可能性を狭めてしまいます。この時期に初めてのことに挑戦して、将来をより豊かに過ごすために新しい世界を切り開いていきましょう。

③人脈を広げる

さまざまな年代の人に出会うため、お誘いがあれば積極的に出かけていきましょう。出会いはあなたの世界を広げてくれます。思わぬ出会いがあり、そこから夢がさらに広がっていく可能性もあるのです。

50代カウンセラーの3大成功法則

①親との関係を清算する

親の面倒をみなければならない、または親への金銭的な援助が必要になるなど、これまでの親子の役割が変化すると関係性も変わります。過去に親子関係の傷やトラウマが残っていると、親との距離が縮まることが苦痛になってしまうかもしれません。再度親との関係を見直して、過去の心の傷をしっかり癒しましょう。

②自分の体に感謝する

健康面で心配なことが増えてくる年代です。病気ではなくてもホルモンの変化により体調がすぐれない、健康診断で問題が見つかるなど、これまでと違う体の変化にとまどいます。不調は何かのメッセージと理解し、心と体のメンテナンスを心がけてください。体に感謝の気持ちを向けると、気づきが得られることがあります。

③残りの人生でやりたいことを決める

50代はまだ元気でバリバリ働けますが、活動的に動ける時間は限られています。これから10年で何がしたいのか、本当にやりたいことを考えるのはとても大事です。10年あればその道のプロになれると言われます。何かを始めるのに遅いと言いたくはありませんが、10年後の健康状態を考えると早く動き始めるほうがよいでしょう。

60代からは3つの年代で挙げた合計9つの成功法則の中で、足りてないと感じるところを取り組んでいくとよいと思います。

なるにはポイント

- ✓ 人生で見落としている部分に取り組むと、カウンセラーとしても成長できる
- ✓ 〝どんなカウンセラーになりたいか〟から逆算して、今どうあるべきかを考える

オンラインカウンセリングのメリット・デメリット

新型コロナウイルスの感染拡大以降、オンラインでカウンセリングをしたいと思うカウンセラーが増えました。単にオンライン化してもうまくいくとは限りません。成功させるために押さえておくべきポイントがあります。そのポイントをきちんと理解するために、オンライン化のメリットとデメリットを考えてみます。

開業したばかりのカウンセラーにとってのメリットは、毎月の固定費がかなり抑えられることです。概算ですが、およそ20分の1の固定費削減になります。オンラインでのカウンセリングに必要なのは、インターネット環境とパソコン、オンライン会議システム（Ｚｏｏｍなど）です。そのほか、市場が全国区になるので、潜在的なお客様の数が増えることも魅力です。

クライアントにとっても、落ち着く家の中でリラックスして受けられるメリットがあります。外出が不要なため、交通費がかからないことと時間が節約できることも大きなメリットといえます。

一方、デメリットとして考えらえるのは、画面を通してクライアントを見るので、表情などが読み取りにくく、得られる情報が限定されること。催眠療法やクライアントに直接触れて行うヒーリングなどが専門の場合には、内容の工夫が必要です。クライアントも、本当に効果があるのかわからず不安になったり、実際に対面して話したい場合は不満が残りやすいといった側面があります。そのため、対面でも非対面でも同じ効果が出せる確固とした理論と技術を持つことが大前提になります。それをクライアントにわかりやすく説明し、実績を示して理解してもらうことが必要です。

オンラインカウンセングを成功させるために

オンラインカウンセリングのデメリットを克服してオンラインカウンセラーとして成功するためには、問題解決の理論（カウンセリング技術）と実績に加えて〝伝える力〟が必要です。対面しないデメリットを超えて伝えたい人に情報をきちんと届けるには、マーケティングの知識・ビジネススキルが求められますが、現時点でそれらが備わっていなくても問題ありません。最も重要なことは、オンラインでクライアントの信頼を獲得し、結果を出せるように問題解決力を身につけることです。そのためには今自分にはどんな能力が不足しているのかを理解し、学びの計画を立てて一歩一歩進めていってください。オンラインカウンセリングに必要な物や設備を整えるのは、最後でかまいません。

成功するカウンセラーは、オンラインであっても対面で行うときと同じ効果があることを確かめ、実績を示すことでクライアントの疑問や不安を解消しています。私たちが行っている「量子・感情エネルギー変換メソッド」では、仲間同士がオンラインでトレーニングを積み、交代でクライアントになって効果を確認します。効果について何度も確認し、確信があるからこそ、自信を持って発信できるようになるのです。

なるにはポイント

- ✓ オンラインカウンセリングのメリットとデメリットを理解する
- ✓ クライアントの不安を払拭する技術と実績をうまく伝える

第5章

人気カウンセラーになるための起業ステップ

起業に有利なカウンセラー資格を徹底解説

開業カウンセラーとして仕事をするにあたり、資格は必要ではありません。そのため何も学ばず無資格でもカウンセラーを名乗ることは可能ですが、それではお客様に選ばれるカウンセラーになるのは困難です。お客様にとっては問題解決が最も重要であり、お客様はカウンセラーの技術力を判断する一つの〝指標〟として、資格を見ています。

カウンセラーにとっても、資格を取得することで特定の技術と一定の水準を満たすことを客観的に示すことができ、お客様の信頼が得やすくなります。カウンセラーの国家資格、または国家資格に準ずる資格は数が少ないですが、民間資格は非常にたくさん存在します。どの資格を選ぶかは、その後の成功に関わるので、慎重に決めなければなりません。

心の支援に関わる資格

・公認心理師

２０１５年９月に公認心理師法が成立し、２０１８年９月から第１回の試験が実施された唯一の国家資格です。資格取得するには、大学・大学院、またはプログラム施設で所定の科目を履修するなど、７通りの方法があります。

・臨床心理士

公益財団法人日本臨床心理士資格認定協会により認定される民間資格で、１９８８年から始まりました。公認心理師ができるまでは、心理カウンセラーの中では最も認知度が高い資格でした。５年ごとに資格の再認定を受けなければなりません。

両者の就職先はほぼ同じで、医療・福祉・教育機関、一般企業、少年院や刑務所などです。

認知度の高い民間資格として、産業カウンセラーなどがあります。このほかにも、心理系の資格は非常に多く存在します。中には短期間で比較的簡単に取

※参考：厚生労働省「公認心理師の資格取得方法について」
https://www.mhlw.go.jp/stf/newpage_26518.html

得できる民間資格もあるので、内容を調べて自分に合う資格を取得するのがおすすめです。

心理学を主軸とするカウンセラーがひしめく市場では、心理カウンセラーとは異なる次のような資格があると強みになります。

・キャリアコンサルタント

国家資格であるキャリアコンサルタントは、求職者やキャリアに関する悩みがある人に対して、職業選択や能力開発などに関する相談や助言を行う専門職です。

・作業療法士

作業療法士も国家資格で、病気やけがで日常的な作業が困難になった人に、心身のリハビリテーションを行う専門家です。特に精神科における作業療法士は、さまざまな心理手法を身につけます。

売れるカウンセラーになるための資格の選び方

心理職の2大資格といわれる公認心理師と臨床心理士は、資格取得するまでに大学院を修了またはそれに準ずる教育を受ける必要があります。しかし知名度や難易度の高い資格を持っているからといって、必ずしも売れるカウンセラーになれるとは限りません。逆に知名度や難易度が低い資格では、カウンセラーとして活躍できないということでもありません。

カウンセラー起業を見据えた資格選びの際には、差別化できる圧倒的な技術であるかが決め手になります。またビジネスを成功させるには、ビジネススキルも習得しなければなりません。起業準備として資格やスキル取得を考える際には、費用対効果の視点を持つことが大切です。綿貫カウンセラー養成スクールでは、圧倒的な物理学ベースの心の技術とビジネスについて、ワンストップで学べるコースがあり、心のことを学ぶのが初めてでも驚くほどの成果を出す人が続出しています。

なるにはポイント

- ✓ クライアントの信頼を得るために、資格取得は大事
- ✓ 多くのカウンセラーとの差別化が図れる資格（技術）を取得する

カウンセリングスキルを磨くには

カウンセリングの基本的かつ重要なスキルのひとつに〝傾聴〟があります。これにプロカウンセラーには必須の〝抽象化〟のスキルを加えた2つのスキルを効果的に磨く方法と注意点を説明します。

傾聴

傾聴力を磨くには、3つの構成要素（①共感的理解、②無条件の肯定的関心と受容、③自己一致）が必要です。これは来談者中心療法の創設者・臨床心理学者であるカール・ロジャーズにより提唱されました。

カウンセラーがクライアントの話に否定的な感情を持ってしまうと、クライアントは敏感に察知します。そうなると両者の信頼関係が築けず、適切な支援が困難になります。したがってカウンセラーは自分の価値観や善悪で判断せず、ニュートラルな状態でクライアントの話を聴く姿勢を磨く必要があります。

ただしこのトレーニングは、傾聴中にカウンセラーの心の傷が反応すると、あまり効果が得られません。たとえ表面的には肯定的な反応を示せても、心の内は傷ついていると自己一致が崩れるからです。まずカウンセラー自身の心の傷を癒し、感謝の状態になってから、次に紹介する傾聴トレーニングに進んでください。

傾聴トレーニング

①うなずきと表情

クライアントの話に共感した表情を見せ、適した相づちを打つ。

②オウム返し（事実のオウム返しと言い換えのオウム返し）

言葉をそのまま繰り返す〝事実のオウム返し〟は、相手に「聞いてくれている」と感じさせる。ただし、誰かに対しての否定的な発言をオウム返ししすぎると、相手の偏った認知を強化する場合があるので注意が必要。

③肯定的な言い換え

相手の否定的な表現を、肯定的な言葉で返す。たとえば「お金に対する不安がある」を「お金のことを真剣に考えている」と言い換える。相手の視野を広げると同時に、カウンセラーとの信頼関係を深める。

④効果的な間を取る

相手が思い出し、頭の中でまとめる時間を与える。カウンセラーが沈黙に耐え切れず質問や話をすると、相手が自己対話する機会を奪う。待つ姿勢と心構えを養う。

⑤オープンクエスチョンをする

「はい」「いいえ」で終わるクローズドクエスチョンではなく、相手の言葉を引き出す質問をする。

抽象化

クライアントが語る内容は、実際に起きた自分視点の具体的な事柄であるため、膨大な情報量になります。その中から問題点を見つけ出すのは容易なことではありません。そこで役に立つのが〝抽象化〟のスキルです。このスキルを身につけると、クライアントが語る具体的な話の中の〝枝葉〟に惑わされず、本質を見ることができるようになります。カウンセラーはクライアントとともに、具体と抽象を行き来することでクライアントの視点を上げ、全体が見渡せるようにしていくのです。

それだけではなく抽象化のスキルがあると、複雑な内容をシンプルな図解にして人に説明することが可能になります。たとえばカウンセリングプランをお客様に説明するときに、図解にしてお伝えするとイメージしやすくなり、契約率のアップにつながります。

このように抽象化はカウンセラーにとって必須のスキルなので、ぜひトレーニングを積んで磨いてください。

抽象化トレーニング

①芸術鑑賞による疑似体験

読書や映画など芸術を鑑賞し疑似体験を積み、抽象化に必要な多くの知識や教養を身につけ、視野を広げる。

②意識的に物の名前を抽象化する

日常的に意識して抽象化するトレーニングをする。たとえば、スマートフォンは通信機器、車は乗り物など。多くの事象の共通点を見いだしてみる。

③共通のルールや構造を抜き出す

出来事は違っても本質は同じ問題の共通点を、日ごろから考える癖をつける。また文章から構造・構文を抜き出すトレーニングも行う。

※参考：細谷 功『具体と抽象 ―世界が変わって見える知性のしくみ』dZERO、2014年

なるにはポイント

- ✓ニュートラルな状態で話が聞けて初めて傾聴スキルを磨くことができる
- ✓カウンセラーにとって抽象化は話の本質をつかむために必須のスキル

クライアントに選ばれる「肩書き」ってどんなもの？

選ばれるカウンセラーになるために、肩書きが必須というわけではありませんが、肩書きがお客様の求めるカウンセラー像にピッタリであれば、選ばれる可能性が高まります。肩書きは自分がどんなカウンセラーであるかを伝えるものなので、お客様目線で肩書きを点検する必要があります。

肩書き作りの前にすべきこと

数多くいるカウンセラーの中から自分を選んでもらうために作る肩書きは、商品のコンセプトに準じます。ターゲットを絞るほど専門性が高くなるため、差別化にはつながりますが、お金が動く市場がなければ意味がありません。そこで事前に、ニーズがあるかどうかを調べておくことが必要です。競合が多い市場はそれだけニーズが多いので、あえてその市場に参入する価値はあります。市場を分析してポジショニングを行い自分の特徴を言語化できれば、選ばれるカウンセラーになる可能性が開けます。

これから開業する人は、最初から思い込みで専門を決めるのは危険です。新規でカウンセリングを始める人は、経験を積みながら肩書きを作っていくのがおすすめです。これからスタートする人に向けた肩書き作りのステップは次のとおりです。

①自分が苦しんだ過去や乗り越えた問題から、自分の方向性を見つける
②身近な人にセールスを行い、どんな市場に向いているか探る
③向いていそうで、やってみたい市場がわかったら、市場規模と競合を徹底的にリサーチする
④ポジショニング（求められる優位性で差別化）を行い、コンセプトに基づく肩書きを作る

選ばれる肩書きを作るコツ

選ばれる肩書きを作るコツは3つあります。

①自分の活動を一言で表す
②誰のどんな悩みを解決する専門家であるかがわかる言葉で表す
③ほかのカウンセラーとの違いを表現する

反対に次のような肩書きは、お客様に選ばれにくくなるので注意が必要です。

①造語の羅列
自分以外の人が見て意味が分からない言葉は、肩書きとして機能しない。
②奇抜な名称
悩みを抱えている人は、奇抜な肩書きを求めていない。

以上のことを心に留めて肩書きを作った後は、あらためてお客様からその肩書きがどう見えるか、どのような印象を与えるかという視点で一考することが大切です。

なお肩書きはいつまでも変わらないものではなく、変えたいときに変えてもよいのです。また同時に複数の肩書きがあっても構いません。私はカウンセラー、コーチ、講師、マーケティングコンサルタントの仕事をしているので、相手や媒体によって複数の肩書きを使い分けます。そうすることで、お客様に選ばれやすくなるからです。

どんな肩書きを作ればよいのかわからない場合は、本当にやりたいことがまだ見つかっていないからかもしれません。心からやりたいことを先に見つけ、実力をつけてからでも遅くはないです。

なるにはポイント

- ✓ 肩書きを作る前に自己理解と市場分析し、ポジショニングを行う
- ✓ 見る人にわかりやすい言葉で、自分の活動を表現する

月収100万円カウンセラーの商品作りとは

月に100万円稼ぐカウンセラーがどのような商品作りをしているか見ていきましょう。売れる商品を作るには市場調査が不可欠です。どんなことで悩んでいる人が多いか、お客様はどこにいるのか、売れているライバルに対する不満点などを徹底的にリサーチします。

売れる商品作りの第一歩は市場を知ること

第4章の「月100万稼ぐシミュレーション」（75ページ）で紹介した3C分析を使って、市場・顧客、競合、自社を分析します。市場の規模や顧客のニーズ、競合のシェアや強みと弱み、提供している商品や評価などを調べた上で、自分がその市場で成功するための要因を見つけだします。以下のようなことを考えてみてください。

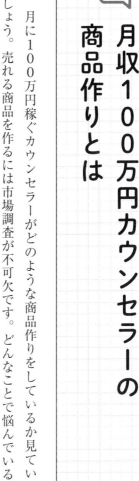

・競合と比べ自分は何が違うか、その違いはお客様にとって絶対欲しい価値であるか
・自分はお客様が今まで満たされなかったニーズを満たせるか
・お客さまが自分の商品を選ぶと、長期的にどんなメリットがあるか

自分の強みを把握しておくことも大事です。お客様のニーズを満たすために、自分の強みをどのように生かせるか徹底的に考えます。これは自分の価値をお客様の価値に変換する作業であり、お客様に選ばれる商品作りには欠かせません。

わかりやすいコンセプト・キャッチコピーで見込み客に伝える

狙った市場における自分のポジショニングができたら、強みを生かした商品でお客様のニーズを満たす商品のコンセプトを考えます。ここで注意することは、ターゲットを絞ることです。万人受けを狙うと、誰からも見てもらえません。人混みの中で特定の人に振り向いてほしいときは「おーい！」と呼び掛けるよりも「○○さん！」と呼び掛けるほうが効果的なのと同じです。

コンセプトとは、ポジショニングをメッセージ化したものであり、誰にどんな価値

を提供するか、あなたが○○になれるというメッセージを含めるのが大事です。長々と書くのではなく、一目でわかるほうが良い反応が得られます。キャッチコピーも、集客時にはわかりやすさが求められます。イメージを前面に出したキャッチコピーではなく、ターゲットが望む結果が得られることや、選ばれる一番の理由を、よりわかりやすく表現する必要があります。いずれもポジショニングが基礎になるため、そこからぶれないようにする必要があります。

すべての答えは市場にある

売れる商品を作るときには、お客様目線で考えることがとても大事です。お客様はつねにほかにも良い商品があるのではないかと調べているので、自分の商品（サービス）が競合と比較されているという意識を持っていなくてはなりません。

また満足度の高い商品を作るには、お客様のことをよく知り、何に価値を置いているのかを正確に把握して、その価値を提供しなくてはなりません。そのために必要な情報は、顧客と同じ悩みを持つ知り合いへのヒアリングでも得ることができます。ここでだいたいの方向性はわかりますが、悩みやこうなりたいという希望は人により異なるので、最終的に商品は相手に合わせてフルオーダーにします。お客様が絶対に欲しくて必要なサービスを、その場で組み立てるためにしっかりヒアリングし、プランニングする場が〝セールス〟です。セールスは商品の押し売りではなく、お客様の問題解決の具体的なプランニングとビジョンを示すための時間です。いわばセールスも人の支援の一部なので、相手を100％想い、心を込めて行います。

商品コンセプトは、一度作って終わりではありません。市場とライバルは時間とともに変化するものなので、商品の内容もその時代の変化に合わせた修正が必要です。月に100万円以上稼ぐカウンセラーは、リサーチを欠かしません。今持っている技術に新しい技術や知識を加えたり、切り口を変えたりして、実践と改善を繰り返しながらブラッシュアップをし続けます。

なるにはポイント

- ✓ 市場調査なしに売れる商品は作れない
- ✓ 変化し続ける市場に合わせて、商品と技術もブラッシュアップが必要

売れるサービスはコンセプト作りが大事

コンセプトは商品やサービスを作るときの指針です。ポジショニングから生まれるコンセプトが定まっていないと、軸がぶれてしまいます。一貫性のないカウンセラーは信頼されません。そのためコンセプト作りが重要になります。

コンセプトを作るときには、競合との違い（優位性）を踏まえて〝①誰（のどんな悩み）に、②何を、③どうやって〟の3要素を含めることが必要です。特に誰に向けた商品・サービスか（ターゲット）を定めることは大事で、そこが決まらなければ〝何を・どうやって〟も定まりません。コンセプト作りに慣れないうちは、ターゲットを絞らず万人に対して提供しようとしがちです。しかしその結果、魅力がない商品・サービスになってしまいます。

シャンプーのコンセプトで具体的に見ていきましょう。

①どんな髪質にも合うシャンプー
②ヘアカラーの色落ちを防ぐシャンプー
③髪がまとまるシャンプー

②と③はこの商品のターゲットがはっきり示されていて、さらに何を提供するかも理解できます。①はターゲットがしっかり絞れていないので訴求が弱く、何が良いのかわかりません。次に〝どうやって〟にベネフィット（見込み客が商品を使って得られる良いこと）を含めた表現を加えると、コンセプトより魅力的になります。

②色落ちを防ぎ、ヘアカラーが長持ちするシャンプー
③朝のスタイリングが簡単になる、髪がまとまるシャンプー

このように〝誰に・何を・どうやって〟の3要素を入れたコンセプトを作ると、商品（サービス）の特徴がはっきり示せます。

コンセプトとは別に、キャッチコピーという言葉を聞いたことがあると思いますが、両者の関係をきちんと区別する必要があります。

コンセプトは商品やサービスを作るときの指針であり、最小限の言葉を使って表現しています。キャッチコピーは、コンセプトをより魅力的でわかりやすい言葉に変換して、見込み客の興味を引くように（＝キャッチーに）表現したものです。いずれも市場におけるポジショニングから生まれます。

良いキャッチコピーを作るためには、良いコンセプトが必要です。コンセプト一つで売り上げが一桁変わると言われているほど大事なものです。

たとえばこんなコンセプトを見たとき、どう思うでしょうか。

「対面カウンセリング1時間8000円」

対面で行うカウンセリングであること、1時間あたり8000円であることはわかりますが、どのようなカウンセリングを行うのか、そのカウンセリングを選ぶとどうなるのか、自分の望みはかなうのかはわかりません。

そのほか良くない例として「傾聴カウンセリング、ヒーリング、アロマのコースがあります」のようにカウンセラーができることだけを並べただけの文言も、どんな人向けなのか、自分がこのカウンセリングを選ぶとどうなるのかのイメージが湧きません。「これは今の私に必要だ」と思ってもらえるキャッチコピーは、元になっているコンセプトに〝誰に・何を・どうやって〟の3要素が入っています。キャッチコピーの反応が悪いときは、ぜひコンセプト・ポジショニングから見直してみてください。

一度売れるコンセプトとキャッチコピーを作っても、市場は刻々と変わるので定期的な見直しが必要です。コンセプトに使う表現を少し変えるだけでも、反応が大きく変わることがあります。開業カウンセラーは市場分析をおろそかにせず、ニーズを拾い上げて競合他社よりも選ばれる商品・サービスの改良を続けなければなりません。

なるにはポイント

- ✓ ポジショニングから生まれるコンセプトは、商品・サービス作りに一貫性を持たせるために重要
- ✓ 競合が満たせない強いニーズを〝誰のどんな悩みに・何を・どうやって〟を含んだコンセプトで表現する

新米カウンセラーのための集客方法7選

集客のタイミングやカウンセラーの性格により、適した集客方法は異なります。それぞれの集客方法の特徴や、どのような集客が新米カウンセラーに向いているかについてお伝えします。

①とりあえずホームページ派

まずはホームページが必要と考えて、見栄えがよい高額なホームページを外注しても、集客できるとはかぎりません。製作者はデザインが素敵なホームページを作ることはできても、あなたの市場を理解しているわけではないからです。あなたを選ぶ理由がわかりやすく表現されたキャッチコピーを作るまでは、ホームページ作りを急ぐ必要はありません。ただし実店舗を構え、地域に根づいてビジネスを展開していく場合は別です。最初は不完全でもよいので、ビジネスの知識と経験を積みながら少しずつ中身を組み立てます。大事な点は〝自分で更新作業ができるホームページであること〟です。なお地域密着型のビジネスの場合は、Ｇｏｏｇｌｅビジネスプロフィールに必ず登録し、検索上位になるよう日々の投稿や口コミ集めも欠かせません。

②ブログ書きまくり派

ブログを使っている実績のある同業者は多く、その中でお客様に選ばれるには、コピーライティングのスキルは必須です。文章力を磨く場として、ブログの利用は効果的ですが、市場における自分の立ち位置を決めてからでも遅くはありません。なぜなら一般的にブログは記事数・文字数ともにかなりの量が必要、かつターゲット層に選ばれるワードを意識する必要があるからです。

③ＳＮＳ発信派

今の時代はＳＮＳを上手に使える人は大変有利です。見込み客が普段見ているＳＮＳを選ぶとよいでしょう。２０２４年時点では、リールやショート動画を含む動画全般が効果的なツールと言えます。発信の前には、ＬＩＮＥ公式アカウント設計を含めた仕組み作りができているか点検しましょう。

④ビジネス交流会派

ビジネスチャンスを探しに来ている参加者が多く、紹介でつなぐビジネスに誘われることがあります。人との交流で物事を進めたい人は、ビジネス交流会に参加すると味方や仲間を見つけやすいですが、向き不向きがあります。

⑤広告派

広告をかけて顧客リストを入手し、レバレッジをかけて仕組みを回すモデルは、ビジネスのステージによってはうまくいきますが、起業したての人には不向きです。自分がビジネスを行う市場のことを十分に理解してからでなければ、思うような費用対効果は得られません。

⑥お茶会・勉強会派

お茶会・勉強会の共通点は、自分が主催者になることです。お茶会は人付き合いが好きな人に向いていて、参加者を集めて交流や情報交換をします。勉強会は、自分が持つ知識やスキルを学びたい人のためにコンテンツを作り、参加者を集めます。学んだことを人に伝えるのが好きな人に向いています。

⑦ダイレクトアプローチ派

新米カウンセラーが最初にすべき集客方法は、知人に直接声をかけることです。ダイレクトアプローチから集客を始めるべき理由は3つあります。

- **身近な人の幸せのために、自分がプロとして役に立っている体験をする**
- **目の前にいる大切な人に提案できないなら、遠くの人に提案するのは難しい**
- **自分に求められることや強みが明確になり、スムーズに発信できるようになる**

なお開業したら集客よりも先にすべきことは、セールスファネル（図4）を元に見込み客を成約に導くための仕組み作りです。集客にかける労力を無駄にしないためにも、ぜひ行ってください。

図4　セールスファネル

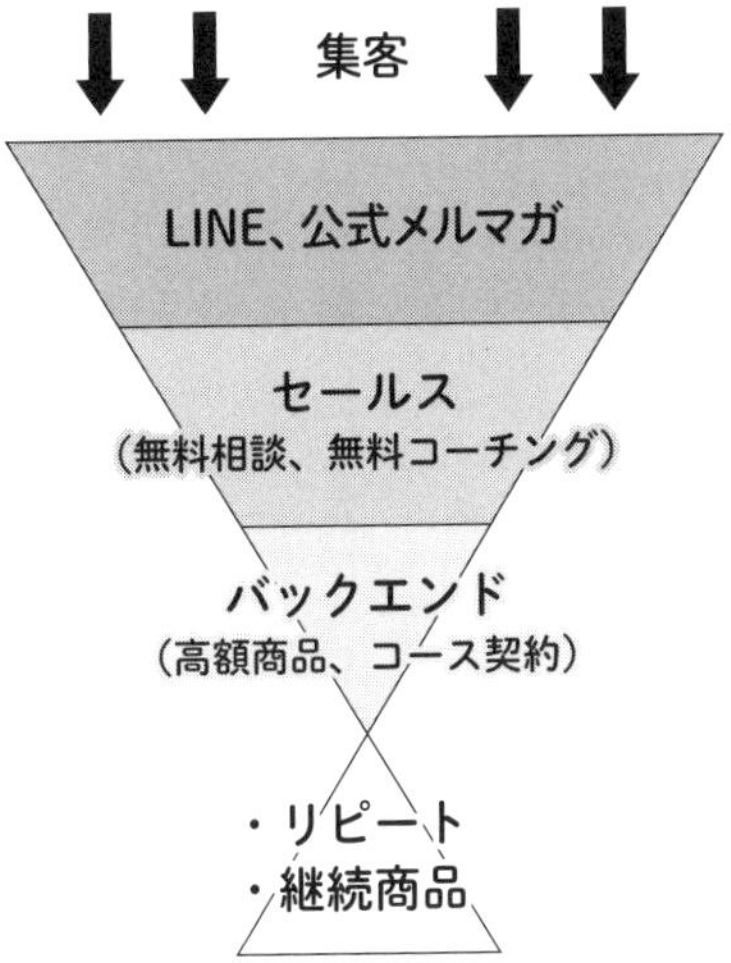

なるにはポイント

✓ 新米カウンセラーはまず身近な知人へ声をかけて自分を知る機会を作る
✓ 集客の前に、成約に導くための仕組み作りが必須

カウンセラー起業したけど発信が苦手な人は？

起業後は、情報を発信して見込み客に自分のサービスを伝えなければなりません。しかし発信が苦手で悩んでいる人は案外多く存在します。発信できない4つのタイプについて、原因と対策をまとめました。自分に近いタイプをチェックしましょう。

タイプ① 何を書けばよいかわからない

情報を受け取る相手はどんな人かを具体的に考えてみてください。ポジショニングに基づき、あなたのサービスを必要としている人は誰ですか？ どんなことに困っていて、どのような人生を送りたいのですか？ 口癖、たとえば「でも」「どうせ」などはありますか（口癖からその人の信念を知ることができる）？ どんなライフスタイル・家族構成ですか？ どんな場面であなたの発信を見ますか？ このようにターゲット像を具体的にイメージすると、発信すべき情報がはっきりしてきます。

さらに相手が知りたい情報や、欲しい価値は何かもしっかり考えましょう。自分が進みたい方向性で売れているライバルをよく観察すると、新しい気づきが得られます。なお、発信する前にコンセプトメイキングとポジショニングがしっかりできているのを大前提としていることに注意しましょう。

コピーライティングのスキルはたしかに重要ですが、それよりもあなたの伝えたい想いのほうが大事だということは忘れないでください。

タイプ② 文章を書くのに時間がかかりすぎる

文章を書くことに慣れていなければ、時間がかかるのは当然です。また完璧主義の人も時間がかかる傾向にあります。文章を書くときは、いきなり１００％を目指す必要はありません。60％くらいの完成度でフィードバックをもらい、修正を繰り返してスキルアップしていくことをおすすめします。良い練習法は、コピーライティングが上手な人や人気がある人の発信を、そっくり真似ることです。構文やリズムを自分の中に落とし込んでいくと、自分なりのわかりやすい表現ができるようになります。

タイプ③　続けられない

モチベーションの再確認が必要です。情報発信の目的を明確にし、達成可能な目標を設定すると長く続けられます。情報発信する曜日や時間、週何本の記事や動画を公開するなど、締切効果を利用したり習慣化したりすると、うまくいくことがあります。それでもできないときは、心のブレーキや体調、環境面（時間がないなど）の原因を明確にすると対策が立てやすいです。

タイプ④　人目が気になる

心の問題である可能性が高いです。このタイプに当てはまる人は恥や劣等感、不安の感情が源にあると考えます。対策として感情を短時間で感謝に変えるワークを行うことで人目が気にならなくなり、自己肯定感が上がります。この感謝のエネルギーで前に進むことは一番効率が良く、想いが相手に伝わります。

伝える内容をどのように見つけてまとめるか

テーマが決まらないと発信の作業は進みません。テーマ探しは日常的に行う習慣を身につけてください。私はテーマ探しをするとき、これまでに出会った受講生たち、お客様やクライアントが、どんな悩みを語っていたかを思い出すようにしています。相談者が発する口癖や、多くの人が共通して持つ悩みからテーマを見つけ、ストックするのがおすすめです。また良きライバル（競合）の発信をつねにチェックし、良いテーマがあれば積極的に取り入れましょう。

発信する際は、一つのテーマで〝伝えることは一つ〟に絞ることが大事です。テーマに沿って何を書くべきか迷うときは、再度同テーマで競合がどんな情報を発信しているかを調べましょう。インプットが足りなければ、アウトプットすることはできません。切り口と伝える内容が決まれば、あとは構成に落とし込みます。構成は自分で一から作る必要はなく〝①結論・②理由・③事例・④結論〟（ＰＲＥＰ法）などの決まった型に従えば時間が節約できます。

なるにはポイント

- ✓ 発信の苦手は対策を講じることで必ず克服できる
- ✓ 一テーマにつき、伝えたいことは一つに絞る

カウンセリングの料金設定はこうする

一般的なカウンセリングの料金設定は時間制が一般的で、相場には幅があり60分3000円から1万5000円が多いです。しかしカウンセリング料金を時間制にすることが、本当にお客様にとって適切であるかをよく考えてみる必要があります。

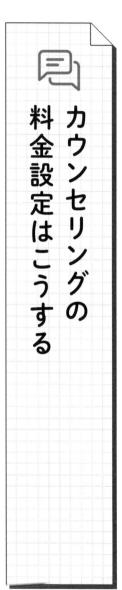

お金を払ってまで問題を解決したくて来ているお客様は、何をどこまで解決できるか示されず、ただ漫然と時間制の料金を支払い続けるカウンセリングに価値を感じられるでしょうか。それよりも最初に必要なカウンセリングの期間や回数、未来の姿まで最初に提示し、実際にゴールまで伴走してくれる内容なら、高額でもお金を払う価値があると思いませんか？

商品の価値によって価格を決めるのが当たり前と考えるなら、お客様が求める内容によって料金が変わるのは自然なことです。むしろどんな悩みや望みに対しても、60分均一の料金を設定することのほうが不自然に思えます。たとえば悩みを聴くだけであれば、ボランティア価格や1時間1000円でも妥当な金額と言えます。しかし深い悩みがあり、解決までに何カ月もかかるような場合には、それに見合う料金設定が必要です。カウンセラーの技術力も、料金設定に影響します。わかりやすくするために、二人のカウンセラーの例を紹介しましょう。

クライアントは夫との関係に長年悩んで相談にきた40代女性です。体の痛みも多数あり、病院を受診しても特に異常が見つからず、原因不明の痛みに苦しんでいます。夫婦問題が専門のカウンセラーAとカウンセラーBの対応は次のとおりです。

・カウンセラーA

相談者である妻の気持ちや視点を変えることで、悩みを解決しようとします。しかし夫に変化が起きるかは、わからないと言います。体の痛みに関しては、専門外だとお客様に伝えます。

・カウンセラーB

妻のみならず夫や子ども、姑など家族全体に良い変化を起こすカウンセリングをします。長年苦しんできた原因不明の体の痛みも、対話で改善できます。人生すべての問題解決の後には、なりたい自分になれるように願望実現のサポートもします。

あなたならどちらのカウンセラーに頼みたいですか？　この判断をするときに考えるのが価値（お客様が手にできるもの）です。カウンセラーBに依頼する相談者は人生の悩みがほぼ解決して元気になり、家族も協力的でバリバリ働いて稼げるようになるでしょう。このような未来が手に入るカウンセリング料金は、高額であっても価値があると思いませんか？

お客様が求める成果を、決めた期間内で達成できるカウンセリング（コーチング）は高額になる傾向があります。しかし悩みに苦しむお客様にとっては、カウンセリング料金が高いかどうかよりも、払う金額に見合うかそれ以上の価値があるかどうかのほうが大切です。

限りある人生の大事な時間を悩みに費やすことは、誰にとっても大きなダメージになります。失った時間はお金で取り戻すことはできません。だからこそカウンセラーは、つねに問題解決に費やす時間を意識して、相手に向き合う必要があります。

腕の良いカウンセラーは短時間で的確に問題の本質を見抜き、問題解決の先にあるクライアントの望みまで実現できるプランを作り、ゴールまで連れていきます。それが高額商品でも、その価値を考えるとクライアントは高いと感じません。カウンセリングで生み出す価値に対して、納得が得られる価格を提示できるのは、カウンセラーにゴールへ導く確信があるからです。この確信がお客様に安心感を与え、信頼、成約につながります。

なるにはポイント

- ✓ 提供する価値の中身でカウンセリングコースの料金を設定する
- ✓ 売れるカウンセラーは、相談者をゴールへ導く力量と確信を持っている

カウンセラーが取り入れたい魂からのセールスとは

セールスが苦手というカウンセラーに理由を聞くと、セールスは〝商品の売り込み〟ととらえ、嫌なイメージを持っていると答える人が多いです。たしかに人を支援する仕事を選ぶ人は、物を売る行為に対して抵抗を感じる傾向があるのは理解できます。しかしビジネスを成功させるには、セールスを避けられません。セールスに対して苦手意識を持っていると無意味にブレーキがかかり、挑戦することが怖くなったり嫌になったりします。そうなると、ビジネスや才能を伸ばす機会を失いかねません。

セールスに対するありがちな誤解とその原因

「高額な物を無理やり買わせて、人を嫌な気持ちにさせるものだ」と思っている人は、自分の過去の経験や誰かから聞いた話が影響している可能性があります。実はそのイメージは「押し売り」であり、セールスとは異なるものです。押し売りとセールスを混同している人は意外に多いように思います。押し売りは、たしかにお客様に不快や損失を与えるものです。一方セールスは、カウンセリング業になじむ活動なのです。

カウンセラーが行う魂からのセールスとは

カウンセラーが行うセールスは、目の前にいる人に自分のすべてのエネルギーを注ぎ、寄り添う時間です。お客様の悩みの本質を理解し、あらゆる可能性を考えた上で、その人が幸せになるための選択肢を提示します。これはたとえるなら、薄暗い森の中で道に迷って途方に暮れていたところに道を照らす光を届けるようなもので、人の心に安心感や希望をもたらします。

このようにカウンセラーが行うセールスは、それ自体がお客様の支援の場であり、相手を100％想う気持ちがなければできません。最終的に商品を買うかどうか、契約をするかどうかの決断は、当然ですがお客様に委ねます。

セールスをしても成約率が上がらない原因

トップカウンセラーは、セールスで高い成約率を獲得します。その秘密は、決して押し売りはせず、全力で相手のことを思う支援です。相手のことを想うからこそ自分の限界を認め、自分を良く見せようとはせず、自分の技術ではどうにもならないことがあればそれを正直に伝え、対応可能な先があれば紹介をします。セールスのときは売り上げのことなどは一切考えず、誠実に目の前の相手と向き合います。

セールスは支援の一部なので、受け取った相手がそのサービスを必要だと感じれば、お客様のほうから自発的に「売ってほしい」「いくらですか」とカウンセラーに尋ねるのです。私はいつも受講生に対して「セールスの場では成約率や売り上げのことは忘れてお客様を想い、役に立つことを考える時間にしてください。結果は後から必ずついてきます」と話しています。実際にビジネスでそれを実践して、ゼロスタートにもかかわらずすぐに30万～60万円の契約を取る受講生もいました。

セールスの成約率が低くて悩んでいる人は、まず商品力をチェックしてみてください。セールスと商品はほぼ一体のものなので、セールス技法だけ学んで方法を習得しても、良い商品がなくては当然売れません。自分が良い商品を持っていない、問題解決力がない場合は、引け目を感じてセールスが怖くなり自信も失うでしょう。

次に、声をかけている相手は誰かを確認することが必要です。セールスをする相手によっても、成約率が大きく変わります。手当たり次第にセールスをしていては、成約率が低くなり疲弊するだけです。セールスをする相手に問題があるときは、適切にポジショニングできていない可能性があります。

ビジネスは複数の要素が絡んで動くので、少し修正すると大きく飛躍することがよくあります。カウンセリングは、目に見えない心を扱う難しいビジネスです。その前提で、もう一度自分のビジネスを点検してみましょう。必要に応じてビジネスコンサルタントに助言を求めるのもおすすめです。その際、そのコンサルタントがカウンセリング・セラピー業界に精通しているのかどうかも、非常に大切な条件となります。

なるにはポイント

- ✓ セールスへの苦手意識は、押し売りと混同していることが原因のことが多い
- ✓ 道を見失った相談者に光を照らし、希望ある未来への選択肢を示すのがセールス

「お試しカウンセリング」の限界

初回を無料にしてお客様に商品を体験してもらい、新規顧客を獲得する方法があります。店舗型のビジネスでよく見る方法ですが、カウンセリングでこの手法が有効であるか、複数の視点から考えてみます。

無料のお試しカウンセリングで顧客を獲得できる？

カウンセリングはヘアセットのように、一回の体験で必ず効果が感じられるものではないためリピートにはつながりにくく、顧客の獲得は困難と言えます。

無料お試しカウンセリングがリピートにつながらない理由は、特に悩みがなくても〝無料〟に惹かれて興味本位で集まる人が多いからです。また単発のカウンセリングでは解決しない悩みの場合「無料だからこんなもの」と思われて、1回限りになることもあります。初回無料はお試しで受けてもらいやすいかもしれませんが、顧客の期待値は低くなります。費用をかけて集客をするのだから、本気で問題解決をしたいと思っている人に来てもらうのが効率的です。

無料で行うことの問題

①何をどこまで行うか

悩みの内容によって、解決するまでの期間はさまざまです。人生に行き詰まりを感じている人は、複数の課題を抱えているのが一般的です。無料のお試しカウンセリングで複数の課題のうち目の前の問題が解決すると、ほかの問題に目がいかなくなり、それ以降カウンセリングには来なくなる可能性があります。放置した残りの問題は、別の形になって結局その人を苦しめます。時間が経ってから放置した問題に取り組もうと思ったときに、再びあなたの元に来てくれるかは不明です。したがってお試しカウンセリングを行うのなら何をどこまで行うか、よく考える必要があります。

②あなたの価値が低く見られがち

カウンセリングのように目に見えないサービスの場合、その価値を判断するときに満足度や成果のほかに、料金でも判断されることを忘れてはいけません。「無料で受けられるサービスはお金を払う価値がない」と、無意識にお客様に思わせてしまうリスクがあることは認識しておくべきです。

③「どうせタダ」は結果に影響する

カウンセリングで問題に向き合うときの姿勢は、結果に大きく影響します。どうせタダのカウンセリングだからという気持ちで受ける場合、苦痛を伴うセッションになると途中で自分に向き合うのをあきらめてしまいがちです。そうなると当然、結果も伴いません。反対に高額なカウンセリングに来る人は、相当な覚悟を持っています。そのため、適切な支援により短時間で良い変化が見られる傾向があります。

それでもやはり初回は無料で通常のカウンセリングをしたいのならば、必ずしなければならないことがあります。まずは自分が狙う市場にいる人を集客すること、無料でカウンセリングをするにあたり、モニターになってもらうことです。顔写真と体験記を書いてもらい、ウェブサイトなどへの掲載について同意をもらうと、公に実績を示すことができます。さらにコミュニケーションが取れるＬＩＮＥ登録などをしてもらうことも必要です。これは無料でカウンセリングした人に対して最大の価値を届けるためには必須です。

お試しカウンセリングは必要なのか？

初めてのお客様に会ったとき、二度と会えないかもしれないという気持ちで、最大の価値を届けることが最高の支援と言えます。お試しで通常のカウンセリングをして「良ければまた来てください」というだけでは足りません。選択肢をすべて開示して初めて、お客様は本当の選択ができるのです。

したがって、もしお試しの無料カウンセリングをするのなら、お客様にすべての選択肢を開示する場として、セールスを含めなければなりません。セールスがうまく機能すると、お試しカウンセリングをしなくても、高額なコース契約ができるようになります。質の良いセールスは、質の良いコーチングでもあることを忘れないでください。セールスを行うだけで、クライアントの不安や迷いが消え、体の痛みさえ消えた事例は数多くあります。このことから私は、お試しカウンセリングよりも、まず初めにセールスをするべきだと考えています。

年商1000万円までのカウンセリングビジネスで、最も重要なのはセールスです。ファネル（123ページの図4参照）に示している真ん中の部分です。LINEやメールマガジンに登録してもらったお客様に対して心を込めたセールス（コーチング）を行い、バックエンド商品（コース契約）への流れを作ります。この仕組みがなければ、いつまでも、行き当たりばったりの不安定な経営になります。

なるにはポイント

- ✓ 通常のカウンセリングを無料で行うデメリットを知っておく
- ✓ 上質なセールスは、上質なコーチングに匹敵する

本当は怖いお金のブレーキ

うまくいっているときに限って、自ら成功を手放したり体調を崩したりする人がいます。これらはお金のブレーキが原因になっている可能性があります。

「起業して月収100万円を突破したい」「豊かになりたい」「もっとお金を稼ぎたい」という願いを実現する人と、しない人の違いは何でしょうか？

表面的にはお金が欲しくても、心の奥底ではお金持ちになったら不幸になる、お金は汚い、自分はお金には縁がないなどと思っていませんか？　実は、一番根深い思考が現実になるという法則があります。お金に対して悪いイメージを抱いていると、お金が欲しいと言いながら、思考の深いところではお金を持ちたくないと思い、それが現実になるのです。これをお金のブレーキと言います。

だから成功してお金を手にするとあわてて全部手放してしまったり、なぜか誰かの借金を肩代わりしてしまうなどの現象が起きます。問題は本当の原因に気づいていないことであり、これからも同じことを繰り返す可能性があります。この現象を食い止めるには、自分の中にあるお金のブレーキ（原因）をあぶりださなくてはなりません。

ブレーキをあぶりだそう

お金についてどんなイメージを持っているかを書き出してみてください。「お金は○○だ」という要領で、心に浮かんだことをすべて文字化します。古い記憶をたどると、幼少期に親から繰り返し聞かされた「家にはお金がない」「お金は災いを呼ぶ」などの言葉につながるかもしれません。繰り返しお金に対するネガティブなことを聞くうちに、心の奥底に自分はお金に縁がない、高所得者は不幸になるという考えが根づきます。そうするとカウンセリング技術やビジネスを学んでも、根深い思考が現実化するため成功を目の前にしたとたんに、わざわざ自らすべてを手放してしまうのです。

お金の器を広げるには

ブレーキをあぶりだした後は、お金を受け取るための器を広げなくてはなりません。私たちの講座では、お金のブレーキが作動することにより起きる現象を〝症状〟と見立てます。たとえば〝金欠病〟や〝お金が入ってはすぐ出ていく病〟とします。これらの症状の原因を15分で探る方法も確立し、私たちの講座内で教えています。

本当の原因を探っていくと幼少期の悲しい思い、昔の上司から意地悪をされた記憶、学校でいじめに遭った経験など、人によりさまざまな原因が見つかります。これらの感情的課題を、すべて感謝に変えていきます。さらに今のお金がない状態に感謝を見いだしお金に対してニュートラルな感情が持てると、お金を単なる価値交換のツールとして見ることができ、手を伸ばせば届くものになります。この時点で、今まで繰り返し起きていたお金の問題が消えていくのです。ポイントは感謝をしなければいけないと自分に強要するのではなく、自然に湧き上がってくる本当の意味での感謝に変えなければ効果はありません。この感謝へと導くためには、「量子・感情エネルギー変換メソッド」の技術が役に立ちます。

豊かになる順番Be・Do・Have

お金を持ち、豊かになるためにはＢｅ、Ｄｏ、Ｈａｖｅの順でステップを踏んで、変化していきます。Ｂｅは自分の在り方、Ｄｏは在り方に沿った行動、Ｈａｖｅは持つことです。一番に自分の在り方を見つめ直してください。内面が整わないと、間違った行動をしてしまい、結局はお金を得ることができないか、できたとしてもすぐに失ってしまいます。

たとえば奉仕の気持ちが強すぎて自分を大事にしない行いや、逆に人のことよりもつねに自分を優先するような行いをしている間は豊かになれません。自分を大切にするように人も大事にするという在り方と正しい行動、そしてビジネスの仕組みがあるときに、豊かさの器が広がります。この流れができると、やればやるほど器が大きくなっていきます。

進むごとに足りないものを補いながら、自分に向き合ってお金のブレーキが外せたら、今度はお金の悩みを持ったクライアントにも経験と価値を還元できます。

なるにはポイント

- ✓ 豊かになりたい人は、獲得の前にお金の器を開くことが必要
- ✓ Ｂｅ・Ｄｏ・Ｈａｖｅの順番で豊かになれる

第6章

カウンセラーになって突き当たる壁

起業時に家族の反対があった場合の対処法

起業に限らず何か大きな決断をするとき、家族の反対に遭うことはめずらしくありません。それが大きな障害となり、あきらめてしまう人がいるのは残念なことです。この問題の〝裏にあるもの〟を知り、対処法を身につけておきましょう。

家族が反対するときによく言われるのは「カウンセラーなんて怪しい」「あなたにできるわけがないでしょう」「夢ばかり追わずにちゃんとした仕事につきなさい」です。これらの言葉の裏に隠れているのは、次のようなことではないでしょうか。

・カウンセラーの仕事に対する誤解と不安
・世間体
・本人の能力に対する不安や心配

・新しいことに挑戦するよりも、現状維持または堅実な道が安全という価値観

これまで心の支援に縁がなかった人は、仕事に対するイメージが湧きません。そのため拒絶や不安や恐怖を感じた家族から、反対されることがあります。しかしその場合には正しくコミュニケーションを取り、理解してもらえば解決します。

しかし本当の問題は、それで解決したことにはなりません。家族の反対は、実はあなたの心を代弁している可能性が高いのです。まず、あなたの心の中に起業したいけれどしたくないという、矛盾した気持ちがないかを確認してみてください。そんな気持ちになるのは、失敗への恐れや世間体が気になる、または自信がないことなどの現れかもしれません。これらはまさに、家族が反対している理由と似ています。

実は無意識に考えていることや、ふたをしている自分の心の内を、家族を通して見ているにすぎません。したがって家族からの反対は、自分の内面を掘り下げるチャンスなのです。自分の内面にあるどのような思いが、家族の反対を引き出しているのかを知るために、起業について心に浮かぶことをすべて紙に書き出してみてください。

家族間で起こりやすい共依存関係と対処法

親子は依存関係に陥りやすく、一見してわかりにくい方法、たとえば〝心配〟など相手を気遣うような言葉を用いて、相手をコントロールしようとします。

- 「独り暮らしはお金がかかるし、危ない」「家にいたら美味しい料理を作ってあげられる」など言い、子どもの自立を妨げる母親
- 「病気さえなければ」が口癖で、無意識に症状を出して自立せずにすむ状況を作り出す子ども

このような事例はよく見られますが、その対処法は、家族（主に親）からのコントロールに巻き込まれないことです。ただ、長い間依存関係が続くと、そこから抜け出すのは簡単ではありません。親の感情や価値観に振り回されることに嫌悪を抱いても、慣れ親しんだ環境を離れることに不安を感じるからです。自立して自分の人生を進むには、今までのコンフォートゾーン（居心地の良い場所）を出なければなりません。親からの精神的自立を目指して、自分と家族の境界線を意識する訓練をしてください。

物理的に距離を置くために家を出る必要がある場合には、金銭的なことを含めて綿密な計画を立てることが必要です。

大人になると自分の責任において、どのような人生を送るかは自由なのです。親と自分の人生は別物であることを忘れないでください。自分が決めたことを親に伝えるのは大事ですが、たとえ反対されてもそれは一つの判断材料にすぎず、あなたは自分の人生を悠々と進めばよいのです。すべてを納得してもらう必要はありません。そして最終的には精神的・経済的に自立し、親と〝対等な大人の関係〟〝ひとりの人として想い合える〟関係を目指してください。

なるにはポイント

- ✓ 家族は自分の挑戦への恐れを代弁してくれているのではないかという視点を持つ
- ✓ 自分の人生を自分で決めるには、親から精神的に自立していることが必要

プロカウンセラーがやってはいけないこと5選

①相手をジャッジする

相手の話を聴いているときに、その内容についての善悪を心の中で判断すると、相手に共感することができなくなり信頼関係を築けません。判断の基準は誰もが持っているものであり、それ自体悪いことではありません。しかしその基準を使って判断してよいのは、自分に対してであることを忘れないようにしてください。

またジャッジとは他者を否定するときだけではなく、肯定する場合、たとえば相手の話を聴いて過剰に共感することも含みます。クライアントの話が想像を絶するほどショッキングな話であっても、決して悲観してはいけません。または自分の心の傷がまだ残っている場合、似たような話を聴くと動揺することがあるかもしれませんが、そのような心も動きも好ましくありません。

プロカウンセラーは多くの人のつらい体験手記を読んだり、自分の心の傷をしっかり癒したりして、視野を広く持ち、いつも感謝と愛をバランスよく保てるようにしておく必要があります。酷い体験の中には、同じ程度の光と希望があることも忘れないでください。

②考えを押しつける

人の悩みに対して、自分が正しいと思うことを人に押しつけたりするべきではありません。つい口を出したくなるときには、自分に心の傷があるのではないかを確認してみてください。考えの押しつけは相手のためにはならず、むしろ害になることが多いです。人生はその人のものであり、人生の答えはその人生の持ち主にしかわかりません。したがってカウンセラーはクライアントの世界をジャッジして自分の考えを押しつけるのではなく、本人から答えを引き出すように働きかけをする必要があります。人にアドバイスしたくなったときは、カウンセラーは自分の心の動きに着目するようにしてください。

③相手からどう見られているか気にしすぎる

頼りなさそうに見られていないかなど、他者からの評価が気になるのは、自分自身への信頼と、他者への信頼を欠いている状態です。なぜ気になるのか？　その理由を明確にする必要があります。自分の心に向き合い、心の傷が原因であれば十分に癒して、傷ついた心を救ってあげなくてはなりません。そうすることで、人からどう見られているかよりも、自分がどう見てどう感じるかで物事を見る、主体性を持った支援ができるようになります。

④相手の問題を抱え込む（共依存の関係に注意する）

相手の問題を、まるで自分の問題のようにとらえて解決しようとすると、当人はいつまでも問題に向き合うことができません。これは自立を妨げてしまう共依存の関係です。また、話している相手を自分の都合のいいように操作するコミュニケーションが、無意識的に展開されることもあります（交流分析のゲーム理論）。これは子ども時代に身につけた生き残り戦略であり、そう簡単に手放すことはできません。そのため心理ゲームに気づいたら、すぐに適切な対応を取り心理ゲームから抜け出すことが必要です。

自分と他者の境界線があいまいになっていると、これらの間違ったコミュニケーションが行われる可能性が高まり、良い対人支援はできません。人の話に必要以上の共感、罪悪感や焦燥感を覚えた場合には、できるだけ早く気づいて対処しましょう。

⑤解決手段を持たずに支援する

プロのカウンセラーは、自分の経験だけで問題を解決しようとはしません。問題を解決する理論によって解決の深さが異なるため、どのような理論を使うかが重要になります。いわばプロカウンセラーにとって理論は商売道具です。つねに道具を磨いて、切れ味を良く保っておかなくてはなりません。

なるにはポイント

- ✓ 他者と自分の世界を分ける境界線を持ち、共依存関係に注意する
- ✓ プロ仕様の道具（問題解決の理論）を持つ

自分の感情を扱えないとクライアントの感情を扱えない

カウンセラーはなぜ感情を扱う必要があるのかについて、悩みと感情の関係を紐解きながら考えてみます。

悩みの原因

カウンセラーになると、いろんな悩みを抱えた人が相談にきますが、そもそも〝悩みとはなぜ生まれるのか？〟を考えていきましょう。

ある出来事に対するとらえ方は、人により千差万別で、同じ出来事に対して悩む人と悩まない人がいます。このことから、悩みの原因は外側の出来事そのものではなく、自分の心の反応（感情）であることがわかります。

感情はどのように生まれる？

多くの人が怒りや不安など、負の感情を抱くとき、それらを無意識に抑え込もうとします。感情を抑え込むのは相当なストレスになるので、カラオケや旅行などに行って発散する人は多いですが、一時的に気持ちが楽になったとしても解決には至りません。では時間が解決するかといえばそうでもなく、何十年も負の感情に苦しむ人がいます。自分の感情を扱うことは、実はとても難しいことなのです。

出来事に対する自分の反応（感情）は、どこから生まれるのかというと、幼少期に形成される物の見方（信念・観念）です。感情は体感覚や原始的な快・不快の感覚、そして出来事を自分の信念・観念を通して解釈すると同時に生まれます。それが負の感情であるとき、私たちは悩みとして認識します。

感情を適切に扱えないカウンセラーは、悩みを根本から解決するのは困難です。さらに自分の感情を扱えずに怒りを抱えたままのカウンセラーは、クライアントが語る内容に過剰な共感や反発するために、感情が揺れ不安定になります。そんなカウンセラーが、クライアントの悩みを鮮やかに解決できるでしょうか。自分のすべての感情を感謝に変えられないカウンセラーは、クライアントの感情も的確に扱えません。

感情を扱えば悩みは消える

まずは自分の感情にふたをせず、感じてみることが最初のステップです。自分を分析してみるとどのような出来事によって、負の感情が湧いてくるのかがわかるようになります。感情は自分の信念・観念が大きく影響しており、悩みになるほどの感情は〝思い込み〟により作られていることが多いです。

たとえば上司に叱責されると、ひどく落ち込んでしまうことを悩んでいる人がいるとします。そのひどい落ち込みの原因を探ってみると、上司に叱られたときに自分の信念・観念を通して「期待されていないから叱られた」と自動翻訳されていることに気がつきます。落ち込む理由は、期待されていない（必要とされていない）ことに対する怒りや悔しさだとわかります。しかし期待されていないというのは事実ではなく、悩んでいる人の勝手な判断にすぎません。ここに気づくことは、とても大事です。

次は、物事をいろんな角度から見る癖をつけて、物事をニュートラルに見るようにします。その結果、ネガティブな思い込みによる感情を抱かなくなり、悩みは自然と消えてしまうことが多いです（認知行動療法的アプローチ）。

ただし毎回、確実に感謝の状態に至るには、正しいプロセスが必要になります。私たちのカウンセラー養成講座では、感情をダイレクトに扱う手法で、まず自分から幸せになっていきます。

感情をセンサーにして物事を正しく見る

最初から信念・観念（思い込み）を変える必要はなく、負の感情を持ったときにそれをセンサーにして物事を正しく見るようにすればよいのです。

世界をすっかり正しく見られたとき、そこには認知の偏り（思い込み）は存在しません。世界を正しく見ることができているかどうかを見分けるには、ありのままを変えたくないという〝究極の受容と感謝〟と〝愛〟を感じているかどうかで判断してください。このステップをカウンセラーが自分自身に行えるようになると、そのスキルはクライアントにも使えるようになり、相手に最大の価値をもたらします。

なるにはポイント

- ✓ 負の感情がどのようにして生まれるかを知ろう
- ✓ 世界を正しく見たときに悩みは消え、感謝と愛を感じる

カウンセラーでも人の話を聴けないことがあるんです

一般的に話を聴くのがつらくなる場面として①お説教や攻撃、②自慢話、③自分の価値観と合わない話、④感情が引きずられる話を聴く、の4つが挙げられます。

人の話を聴くことが仕事の一部であるカウンセラーでも、あることが原因で気持ちがつらくなりクライアントの話が聴けないこともあるのです。カウンセラーを目指す人や、人の話が聴けずに悩んでいるカウンセラーは、解決策についても触れるので参考にしてください。

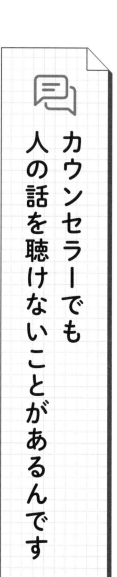

人の話を聴くのがつらくなるのはなぜ?

カウンセラーという立場上「自分を抑えてクライアントの話を聴かなければならない」という自己犠牲や義務感が強いほど、つらくなります。このようなときは、話し手のほうが高いエネルギー状態にあり、あなたは感情のはけ口になっている可能性がありります。さらに聴き手であるあなたの感受性が豊かで共感力も高いと、話し手の感情に対して敏感に反応するため大変疲れてしまいます。

話の内容が、自分の心の傷に触れて自分の信念・観念でクライアントを判断してしまう場合も、聴いているとつらくなります。具体例を挙げると、誰かを批判・攻撃する話が自分の心の傷に触れて、その攻撃がまるで自分に向けられているように感じてつらくなるような場合です。「なぜ話し手は自分のことを棚に上げて、人のことを批判するのだろうか?」と、話し手を自分の価値観で判断してしまうのです。プロのカウンセラーがこの状態に陥ると、クライアントの話が聴けなくなります。同時にクライアントは、目に見えない力学によって今度は自分が批判・否定されたと感じ、カウンセラーに対して怒りを覚えます。

エネルギー状態で見るとカウンセラーとクライアントは反発し合い、支援の場にそぐわない状態になっています。

解決策

①エネルギーバランスを意識する

つらい気持ちを我慢する必要はありません。話を聴いていて、つらくなってきたときには、エネルギーバランスがどうなっているかに注意を向けてください。たとえば会社の上司が相手のときは社会的な上下関係があるので、上司のエネルギーが上になっていることがほとんどです。だからといって、精神的に上司の下にいる必要はなく、エネルギーバランスを対等に保つように意識してみてください。意識をするだけでも、状況が変わります。エネルギーバランスを対等に保つことによって、今まであなたに対して攻撃性を見せていた相手の態度に変化が見られます。

少し高度な解決策ですが、相手が攻撃的になったときに感じるあなたのネガティブな感情を、クリーンなエネルギーである感謝に変えます。そうすると、あっという間に上下のエネルギーバランスが崩れて対等な関係になり、状況が大きく変わります。

②相手に伝える

エネルギー状態が対等になり相手に変化が表れたら、自分の考えや感じたことを相手にきちんと伝えることが大事です。ただし相手に「伝わるように」話さなければ聞いてもらえないので、自分を理解してもらうこともできません。相手が何に価値を置いているかを理解し、たとえ自分の価値観と真逆であっても、それを尊重することが大切です。相手に合った言葉や表現方法を選ぶと、より伝わりやすくなります。

③心の傷を癒す

話を聴くのがつらいことが何度もある場合は、自分の心の傷がまだ癒されていない可能性が高いです。もう十分癒したと思って放置していると、同じ問題が繰り返し起こってしまいます。徹底的に心の傷に向き合うと、自分と同じように心に傷を負ってもがんばって生きている相手への受容と尊重が生まれ、どんな話でもつらい思いをせずに聴けるようになります。

なるにはポイント

- ✓ 話を聴くのがつらいときは、自分の心の傷を癒そう
- ✓ 相手とのエネルギーバランスの視点を持つ

なぜクレームが起こるのか？

多くのクレームは、〝技術に関する内容〟と〝クライアントへの対応に関する内容〟の2つに分けられます。そのうち、技術に関してよくあるクレームは次の3つです。

①カウンセリングを受けても全然良くならない
②話をしたら、余計につらくなった
③カウンセリングの後に、症状が悪化した

このようなクレームを受けた際は、まず自分の技術力と事前説明に問題がないか確かめてください。クライアントへの対応に関して、よくあるクレームは次の2つです。

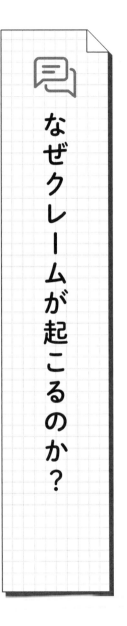

①気持ちをわかってもらえなかった
②カウンセラーの言葉や態度に傷ついた

このようなクレームを受けた際は、カウンセラーであるあなたに受容・共感・寄り添うことができていたかを確認する必要があります。特に自己一致にほころびはないか、念入りに点検しましょう。うわべだけの共感は相手に伝わってしまうからです。

なぜクレームが来るのか

技術的なことが原因のクレームの場合、カウンセラーとクライアントの間でゴールの認識にズレがあることや、ゴールまでの道筋を示せていないのが原因です。

そこでクレームの発生を防ぐために、次のことを意識して行うことが必要です。まずはカウンセラーとクライアントの認識のズレをなくすこと。クライアントは、なりたいイメージを持ってカウンセラーの元へやってきます。カウンセラーはクライアントが望んでいることを、的確に把握して、認識のズレを防ぎます。注意しておきたいのが、クライアントの望むゴールが〝幻想〟(非現実的な理想)でないかという点です。カウンセラーには、これを見分ける力が求められます。

次にカウンセリングの期間・回数を見立て、クライアントの合意を得ること。カウンセラーはクライアントの話を聴いた後に、ゴールに到達するために要する期間とセッションの回数を伝え、合意を取ります。

クライアントへの対応に関するクレームの場合、そのほとんどは、クライアントの傷心に関する内容です。クライアントはすでに傷ついている状態であり、ストレスに弱く、もうこれ以上傷つきたくないと思っています。一縷の望みを持ってカウンセラーを訪ねたら、そこで何気ない言葉に傷ついてしまったということもあるのです。

そんなときは、非常に敏感になっているクライアントの心に、しっかりと寄り添えているのかを確認してみてください。セッションを録画して、クライアントの気持ちに寄り添って話がきちんと聴けているかを観察するのがおすすめです。自分ではうなずいて受容したつもりでも、そっけなく見えたり目線が合っていなかったりすることがあります。自分の言葉や仕草を客観的に観察すると、無意識に相手を拒絶していた、批判的な視線を送っていたなどの気づきが得られます。それらは失敗ではなく成長へのステップなので、このチャンスを逃がさずにしっかり取り組んでください。

コントロールゲームを見抜く

話を聴いてくれない・傷ついたなど、カウンセラーに対して敵意・憎悪・攻撃するようなクレームがくる場合は、クライアントがカウンセラーにコントロールゲームを仕掛けている可能性があります。心理学用語では転移といい、クライアントが過去に身近な人（主に親）に対して抱いた感情を、カウンセラーに表出する現象です。

カウンセリングの現場で、その場にそぐわない怒りがクライアントから出てきたときには、転移が起きている可能性があります。このような現象が起きたときは、すぐに気づき、心理ゲームに巻き込まれないように相手との境界線を持ち、エネルギーバランスを意識することがとても大事です。

なるにはポイント

- ✓ 傷つきやすいクライアントの心に寄り添えているか、客観的に自分の言動を観察する
- ✓ クレームはすべて自己成長のチャンスである

クライアントとの共依存をどうするか？

カウンセラーとクライアントが共依存関係に陥ると、クライアントの自立を妨げてしまいます。共依存に陥る危険性がある現象に、転移と逆転移があります。

転移とは、クライアントが過去に親など周囲の人に対して抱いた感情や関係性を、目の前のカウンセラーに対して再現する現象です。転移が起きるのは初対面に限らず、ある程度関わりができてからも多く見られます。逆転移とは、カウンセラーがクライアントに親しみや憎しみなど、その場にそぐわない特別な感情を抱く現象です。

転移または逆転移のどちらかが一方に生じると、相手にも生じやすくなります。これらは無意識に起きるため気づきにくいのが特徴であり、かなり注意を要します。

転移・逆転移をどうとらえるか

共依存に陥りやすい転移・逆転移が起きた場合はどうすべきであるか、昔から議論されてきました。特に逆転移は、カウンセラー側が〝無意識のうちに〟抱く感情であるため、カウンセラーはどう対処すべきかが課題となっています。フロイトは精神分析において逆転移は有害なものであり、治療の妨げになるので排除すべきと考えていました。フロイト以降は徐々に逆転移の有効性について議論が進み、現在では逆転移をうまく利用すれば、クライアントの理解を深めていけるという考え方が主流です。ただし次の2つのことに注意しなければなりません。

①職業倫理を遵守する
②カウンセラー自身の心の動きにも注意を向け、早めに転移・逆転移に気づく

逆転移には利点がある反面、カウンセラーがその現象に気づかずにいる場合、気持ちが暴走して止められなくなる危険性があるという認識を持つことが必要です。

転移に気づき、共依存を防ぐには

①つねに自分の心の傷の癒しに取り組む

カウンセラーの心の傷が癒えていないと、クライアントに「かつての自分と同じつらい気持ちを抱かせたくない」と思い、相手の問題を自分の問題であるかのようにとらえてしまいます。そうなるとクライアントは、自分の問題が解決しないほうが、カウンセラーに注目してもらえることを大きなメリットと感じるようになります。これが共依存関係に陥った状態です。

カウンセラーは自分の心の傷に取り組んだつもりでも、同じ傷を持ったクライアントが繰り返し現れて逆転移が起きてしまう場合は点検が必要です。乗り越えたと思ったことでも、思い出すと悲しい、涙が出る、怒りを感じる、もう忘れたし見たくないというレベルでは、簡単に共依存関係に陥ってしまいます。したがってそのつらい体験を愛せるまで何度でも心の傷に向き合うことが必要です。

②無意識下で起こることを意識に上げていく

転移現象は気づきにくいため、経験豊富なカウンセラーに意見や指導をしてもらう

（スーパービジョン）と、多くの気づきが得られます。しかし何らかの事情でそれが難しい場合は、次の質問でセルフチェックが可能です（該当する項目が多いほど、逆転移の可能性が高い）。

・特定のクライアントとの面接を恐れたり・待ち望んだりしている
・特定のクライアントに強い愛情や憎しみを感じる
・カウンセリングを早く終わらせたい、あるいは長くしたい
・カウンセリング後も特定のクライアントが過剰に気になる

どうでしたか？　当てはまる事項が多い人は、次の質問もチェックしてください。

・クライアントに対する自分の感情は何か
・何がクライアントを好き・嫌いにさせるのか
・何が私を不快にさせるのか
・それらの感情は、本当は誰に向けたものか

・自分の中で何が起きているのか

感情を書き出して整理する作業を繰り返すと、扱うべき真の問題が見えてきます。

なるにはポイント

- ✓ 逆転移が起きたときは、早く気づいて共依存関係に陥るのを防ぐ
- ✓ カウンセラーは自分の心をモニタリングする習慣をつけておく

経験のない悩み相談が来たらどうしよう？

カウンセラー自身が経験したことのある悩みは、クライアントの心情を理解し共感しやすいので、カウンセリングに良い影響を与えます。ではカウンセラーが経験したことのない悩みには、どう対応すればよいのでしょうか？

カウンセラーは経験がない相談を受けられないのか

クライアントの悩みに対して、自分の人生経験に基づきアドバイスをすることがカウンセリングだとすると、カウンセラーが受けられる相談は限定的です。そしてどんな問題も鮮やかに解決できる一流カウンセラーは、存在しないことになります。このように実際は、経験に基づくアドバイスだけで問題を解決するのはかなり困難です。

アドバイスの限界

問題を解決するためには、物事や状況をとらえる枠組みを変えることで、別の視点を持つことが必要です。しかしクライアントは思い込みで視野を狭めて物事をとらえていることが多く、新しい視点を持つのは簡単ではありません。傾聴とアドバイスを行うカウンセリングが巷にあふれているのは、アドバイスという形で新しい視点を伝えるためです。クライアントの内面に変化を起こして新しい視点を持ってもらうよりも、アドバイスとして新しい視点を示すほうが早くて効果的なように感じます。

しかしアドバイスとしてクライアントに伝えた〝新しい視点〟は、カウンセラーの個人的な価値観にすぎず、実際のところすぐには受け入れてもらえません。納得したように見えても、その場限りになることがほとんどです。クライアントが現在も苦しみから抜け出せないのは、心の傷を放置しているために、思い込みや思考癖が長い年月をかけて強固になっているからです。そのためクライアントに新しい視点を持つようにアドバイスをしても、そう簡単にアドバイスを受け入れてくれません。あなた自身を振り返ったとき、学生時代に親や先生のアドバイスをすべて素直に受け入れて実行できましたか？「うるさいなあ」と反発し、アドバイスにうんざりしませんでしたか？　これがアドバイスの限界です。

経験したことがない悩みの対応策

カウンセリングでアドバイスを受けて良くなる人はいますが、必ずしも心の傷まで解決できているわけではありません。実際に何十年も傾聴カウンセリングに通っても、なかなか解決しないのはよくあることです。

実はクライアントは何らかの意図を持って問題を作り出し、その答えまで自分の中に持っているのですが、それが見えていないだけなのです。問題を解決するためにカウンセラーがクライアントに働きかけて、見えていない部分を価値ある質問によってすべて見えるようにします。そうすると、今までその人を苦しめていた信念・観念が、スルッと消えていくのです。「ああ、そういうことだったのか」「今まで見ていた世界は何だったんだ」という爽快感と一緒に、短時間で世界が変わってしまいます。

この技術は「量子・感情エネルギー変換メソッド」という、私がスクールで教えている物理学ベースの心の技術です。この理論は感情をセンサーにして世界を正しく見ることで、問題を根本から解決することができます。この技術で感情を扱うことができれば、カウンセラーは経験したことのない悩みでも十分に結果を出すことができます。さらに問題になっている体の痛みや子どもの不登校などの「現象」に対しても、具体的に驚く変化を起こすことができるのです。

これからカウンセラーを目指す人は、経験と勘だけに頼るカウンセリングには限界があることを知ってください。自分が一生のうちに経験できることは、非常に限られています。だからこそ、プロを目指すのであれば経験したことのない悩みに対しても、対応できる理論を身につけてください。どの理論で問題を解決するかは、クライアントに選ばれる基準になるので、いろんな情報を得て吟味することが必要です。

心の在り方一つで人生は劇的に変わります。心の問題を解決して人々が自由に生きる手助けをするためにも、カウンセラーは技術を磨くことを怠らないでください。

なるにはポイント

- ✓ 経験と勘に基づくアドバイスには限界がある
- ✓ 問題に潜む感情を扱い、現実を変える理論があれば、経験のない悩みも解決できる

すぐに辞めないために、長く続けるコツ教えます

カウンセラーは仕事がつらくなって、自分の心が病んでしまうことがあります。せっかく夢だったカウンセラーになっても、長く続けられないのはもったいないことです。そこでカウンセラーの心が病む原因と、仕事を長く続けるコツをお伝えします。

カウンセラーが心を病んでしまう悩みとは

カウンセラーの悩みで多いのは①売り上げが上がらない、②クライアントが良くならない、③クライアントのマイナスの気を受けてつらい、の3つです。このうち前の2つは技術力とビジネススキルも影響していますが、3つの悩みに共通する原因があります。それは自分自身の心の傷です。

クライアントの話を聴いているとき、カウンセラーは自分の心の傷が反応していな

いかを確かめてみてください。クライアントはカウンセラーが乗り越えていない同様の問題を持ってくるものです。カウンセラーの心に傷に触れるとクライアントに会うのがつらくなり、無意識にクライアントを遠ざけてしまいます。そのため集客をしてもうまくいかず「なぜお客様が来ないのか？」と悩むことになります。カウンセラーに多い悩み3つの原因は、実はカウンセラーの心の中にあるのです。

カウンセラーが病む本当の理由

カウンセラーは、自分自身が過去につらい経験をしている人や、感受性が強く悩みやすい人が多いのが特徴です。そのためカウンセラーの多くが、困っている人を放っておけない、問題を抱えた人を助けたいと考える優しい気質を持っています。

自分の存在価値を自分で認めることができないカウンセラーは無意識的に「人の役に立たなければ私には価値がない」と思いがちなため、相手に尽くすことで自分の価値を感じるという共依存に陥りやすくなります。

共依存関係を繰り返す人は、幼少期に原因が潜んでいることが大変多いです。お母さんの慰め役や、家族の世話役をしなければならない境遇に置かれた子どもは、大人になっても人を助ける仕事を選ぶ傾向があります。これは一見すると素敵な選択に見えますが、幼少期の役割のままで〝私は人助けをする人〟という信念が根づいていると、無意識に弱い人を引き寄せて依存関係に陥るパターンを繰り返します。

このようなケースでは自分が疲弊していても、心と体の限界がくるまで人に尽くすのをやめられません。クライアント側は、いつまでも人に依存するので自立の機会を失います。このことから、共依存の中で自分の存在意義を感じ、安心感を得るのは不健全であることがわかります。

カウンセラーが心を病まないための対策

クライアントに対し「かわいそうだから私が何とかして助けなければ」と思うことは、かなり危険だと認識してください。この考えは、クライアントを〝自分よりも弱い人〟と位置づけ、クライアントの問題を引き受ける状況を作ってしまうからです。クライアントの問題はクライアントのものであり、その境界線を越えてはいけません。

自分の体の不調にも気を配ってみてください。癒されない心が原因で片頭痛や腰痛、めまいなどの症状として現れている可能性があります。心と体はつながっているのです。まずは自分自身の心と体を探って、傷ついた体験が放置されていないかを確かめてみてください。体の症状から心の傷を読み解き、心と体の問題を同時に解決する技術は、綿貫カウンセラー養成スクールで習得することができます。

自分自身を癒して劇的な変化が起こる経験をすると、自分のカウンセリング技術に自信が持てると同時に「クライアントも変われる」と確信が持てるようになります。このようにカウンセラーが相手との境界線をしっかり認識し、依存ではなく〝対等な関係性〟を維持すれば、クライアントの癒しと自立を最大限に引き出せるのです。

カウンセラーは一度デビューしたら、簡単にいなくならないでほしいというのが私の願いです。あなたを頼ってくれたクライアントが道に迷ったときに、いつでも帰ってこられるような居場所であってください。カウンセラーは〝いつでもここにいて、あなたを見守っている存在〟として輝くのが使命とも言えます。

なるにはポイント

- ✓ 共依存がカウンセラーとクライアントの心をむしばむ
- ✓ 対等な関係性がクライアントの癒しと自立を最大限に引き出す

第7章

カウンセリング現場の「あるある相談」対処法

ダミーの相談を見抜けますか？

クライアントは本当に扱うべき問題を自覚せず、無意識にすり替えられたダミーの問題を解決してほしいと言って、カウンセリングに来ることがあります。プロのカウンセラーは、その問題がダミーであるかを見抜く力が必要です。

本質を見抜く力「慧眼《けいがん》」

物事の本質を見抜く眼力を「慧眼」と言います。慧眼を持つカウンセラーはダミーの問題を見抜くことができますが、眼が節穴だと本当の問題に気づかず、問題を解決することはできません。節穴になってしまう理由は4つです。

①役割の認識不足

クライアントが抱える問題の〝本当の原因を見つける〟という役割（視点）を、認識できていない。

②集中力の不足

カウンセラーの体調不良や未解決の問題があり、集中力に欠ける。

③学ぶ姿勢の不足

新しく学ぶことはないと思い学びを止めてしまうので、視野を広げられない。

④思い込み

自分の見立てが正しいと思い込むと、見当違いな解決策を押しつけてしまう。

思い込みは、カウンセラーが自分の問題を放置したままにしているときに起きやすくなります。カウンセラーはクライアントが自分と同じ問題を持っていると、無自覚のうちに感情的になってしまい、物事が正しく見えなくなるからです。慧眼を磨くためにもカウンセラーは自分の問題に取り組み続けることが大事になります。

慧眼の磨き方

・自分の感情を扱う

不安や怒りなどの感情を抱いたときに、その感情を扱いきれずにふたをすると、その感情がノイズとなって、心の目を曇らせてしまいます。そのためクライアントが語ることをそのまま聴くことができず、本質を見逃しがちです。

・周りを観察する

変わらぬ毎日を送っていると、今日も昨日と同じだと思って、注意を向けて観察することをしなくなりがちです。しかし自分の周りの人や物に注意を向けて観察してみると、毎日同じではなくいつも小さな変化が起きていることに気づきます。まずは丁寧に観察する力を磨きましょう。

また客観的に観察ができるようになるには、思考と感情を切り分けることが必要になります。判断力や集中力などを高めるにはとても効果的と言われる〝瞑想〟は、思考と感情を切り分ける良いトレーニングです。

・自分の思考癖を知る

自分が何をどのように考えて判断を下しているか、そこにどんな思考の癖があるのかを知ることで、思い込みを減らすことができます。普段は意識しないことなので、思考癖に気づくのは簡単ではありませんが、心の中にあることをすべて紙に書き出すことや、前項で触れた〝瞑想〟も有効な方法です。

・効果的な質問を駆使する

問題の本質を見抜くための質問を十分に使える技術力が、カウンセラーには必要です。本当に明らかにするべき真実を紐解く質問の裏には、理論に基づく深い意図があります。ただやみくもにする質問とは違い、最短で問題解決につながる質問を駆使する訓練は結果に直結するため、日々取り組む必要があります。

なるにはポイント

- ✓ 本当の解決に導くためには、問題の本質を見抜く力「慧眼」が必要
- ✓ 慧眼は日々鍛えることができる

「心と体のつながり」を知って正体不明の不調にも対処する

心理カウンセラーは、〝心の問題〟だけを扱っていればよいわけではありません。心がつらいと体に不調として現れ、反対に体の具合が悪いと心にも影響することがよくあります。私が作業療法士としてリハビリテーションをしていたときは、臨床心理士などの心理職と連携することがありました。実際、心と体はつながっており、互いが影響し合い切り離すことはできません。

カウンセリングの現場でも、心の不調と同時に体の不調を訴えるクライアントがいます。たとえば子どもの不登校に悩み、さらに体のあちこちが痛くてつらいという相談があったとします。このときカウンセラーが「心の問題しか扱えません」とクライアントに伝えて、不登校の問題にだけ取り組むとします。この場合、心の問題が体に影響を及ぼしていたとしても気づけません。体の症状については、まず病院で原因を調べる必要はありますが、原因不明の体調不良は心の不調が影響している可能性が高いです。これに対し、カウンセラーが心と体のつながりを知り、問題を解決できる理論を持っていると、子どもの不登校と体の痛みを一つの問題として対処できるのです。「量子・感情エネルギー変換メソッド」を使う私たちは、体の症状から心の本当の問題をあぶり出します。その心の問題を解決すると、体の症状も同時に改善するという事例が数多くあります。たとえばアトピー性皮膚炎の本当の原因を特定し、感情的課題を解決すると体の状態も同時に改善しています。ほかの事例もいくつか紹介しますね。

・寝込むほどひどい生理痛に毎月苦しんでいた人が、原因である感情的課題を解決すると生理痛がほとんど消えた。
・重いリウマチの症状を持っていた人が、本当の原因を感謝に変えるとリウマチが寛解※した。 ※治癒ではなく、関節の腫れや痛み・炎症がほとんどない状態。
・ひどい腰痛に長年苦しんでいた人が、たった2時間の対話で腰痛が消え、それ以降再発しない。

私たちが使う理論は、手当たり次第に心にアプローチしているのではありません。体の症状から、理論を使って心のどこに原因があるか探り当てます。この理論では、心と体をつなげているのは〝感情のエネルギー〟と考えています。具体的な方法については、「量子・感情エネルギー変換メソッド」から学ぶことができます。

プロのカウンセラーとして、クライアントの問題にどこまで向き合い解決できるのかはとても大事です。心と体そして外で起きる現象を別々ではなく、一体のものとしてとらえられるカウンセラーが、これからの時代は特に求められていると考えます。

なるにはポイント

- ✓ 心と体のつながりを理解して、問題に対処できる理論があることを知る
- ✓ 体と心の不調を丸ごと引き受けられるカウンセラーは、ニーズが高い

「お金が貯まらないです」にどう答えるか？

お金が貯まらない問題に取り組む前に、そもそもなぜお金を貯める必要があるのでしょうか。自由で幸せに生きるためにお金は必須ですが、お金さえあれば幸せというわけではなく、精神的にも満たされていたいと思う人がほとんどです。お金で物質的なことを満たせても、精神的なことはなかなか満たせません。それは私たちが社会的な生き物であり、幸せを感じるには人とのつながりも必要だからです。

仕事を辞める理由で多いのが、人間関係です。職場で人間関係がうまくいかなければ仕事のスキルを十分に磨けません。転職しても人間関係につまずき、スキルを磨くことができないまま転職を繰り返すとスキル不足も相まって、安定してお金を稼ぐことが難しくなります。良い人間関係を築くことは、社会経験を積み、技術を習得するためには欠かせません。技術力が向上し人への貢献度が高くなると、評価が上がり収入も上がります。またチャンスは人を介してやってくるので、人が苦手で避けていると、チャンスを逃すことにもなってしまいます。

自分を愛せていない（自己肯定感が低い）人は、人間関係をうまく築けない傾向があります。自分を愛するということは、自分の周りの人や起きている出来事も含めて愛することを意味します。したがって自分の周りに嫌な出来事や人が存在するなら、まだ自分を十分に愛せていないことになるのです。なぜならこれらは怒りの感情が向く方向の違いであり、本質的には同じだからです。くわしく説明すると次のようになります。

・怒りが外に向く↓外罰的で誰かのせいする（嫌いな誰かのせい）
・怒りが内に向く↓自分を攻撃する（自分が悪い）

相手を見下げる行為（ディスカウント）は、自己肯定感が低いのが原因です。たとえばマウントを取り偉そうにする人は、相手を見下げることで自分を保とうとします。

誰かへの怒りや復讐心は、豊かさを遠ざけてしまいます。怒りを抱えていると、人間関係が乏しくなり、チャンスが巡ってこなくなるからです。一つ例を挙げると、子育てが間違っていたことを自分の毒親に見せつける（復讐する）ために、自ら不幸になる選択をしてわざわざ豊かさを遠ざける人がいます。これとは逆に負の感情を感謝に変えると、負のループからスッと抜けてお金の問題がスムーズに解決へ向かいます。

精神的・経済的に豊かな人は、自分の価値や才能を認めて社会のために使い、無償の温かさや愛、賞賛を与え続けます。これまでの苦労やつらい体験があるから今の自分があると納得し、すべての体験を感謝に変えていくと内面が満たされるため、愛を与えることができるようになります。これが外から豊かさを受け取れる（お金の器が開いた）状態です。

なるにはポイント

- ✓ **良い人間関係はお金の状態に良い影響を及ぼす**
- ✓ **まず自分の内面を豊かにすることが、最大の社会貢献である**

いつも恋愛がうまくいかない人の本当の問題

恋愛が始まったころは楽しくても、ちょっとしたことから嫉妬や怒りなどの感情に飲まれて恋愛が終わってしまうパターンの繰り返しに悩む人がいます。

たとえばこんな人です。彼にＬＩＮＥでメッセージを送って、既読になっても返事がこないとき、裏切られたのではないか？　嫌われたのではないか？　という妄想がエスカレートします。やがて相手に行動を強制し、責め、相手の行動を執拗にチェックし始めたり、相手をコントロールするために自傷行為をしたりします。結果的には双方が疲弊し、一方が別れを切り出して恋愛が終わります。その後は絶望感を味わい、自分の存在価値を見失い、自暴自棄になるというパターンです。

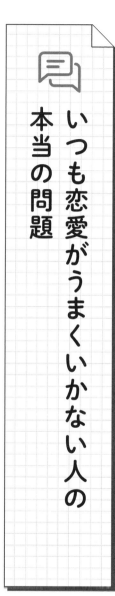

なぜつらい恋愛を繰り返してしまうのか

目の前の問題に取り組みながら、つらくなる本当の原因を見つけることが必要です。原因は交際相手にあるかもしれませんが、違う相手でも同じことを繰り返すのであれば、あなたの両親や幼少期の出来事にあるかもしれません。

先の例では、彼に送ったLINEが既読になったのに、夜になっても返事がなく、きっと浮気だと判断したことが始まりです。そして裏切られた、自分の何が悪かったのか、捨てられる、ひどい人、もう信じられないという思い込みと感情に支配されます。私から人がどんどん離れていく、私には価値がない、生きているだけで迷惑な存在だなど、さらに妄想がエスカレートします。しかし実際は彼の職場で大変な問題が起こり、ずっと対応に追われて返信できなかったとしたらどうでしょう？　彼には彼女の存在は重すぎて、付き合いきれないと思われても仕方がありません。

恋愛の負のループを断ち切るには

パターンに陥る感情の引き金になる出来事が起こったとき、すぐに反応するのではなく、自分の状況を〝まずつぶやいてみる〟のがおすすめです。「今、私は○○な状態だ」「とても不安だ」など感情を言語化すると、今の状況に対する自分の反応が客観視できます。そうすると自分のパターン化された反応に気づくことができます。それらを紙に書き出して、過去に受けた心の傷を見つけ、自分の内面を癒すことが必要です。

他人に癒しを求めて恋愛をすると、相手に構ってほしくて、泣く・怒るなどの感情的な脅迫をして相手をコントロールしようとします。このゲームは勝っても負けても両者が不幸になるのが特徴です。この恋愛コントロールゲームに気づき、心の傷を癒すことで、お互いが精神的に自立した本当の恋愛関係を結ぶことができます。

このような恋愛相談を受けるカウンセラーは「相手をコントロールしよう」という相談者の思惑に巻き込まれずに、問題解決の筋道を立てましょう。

なるにはポイント

- ✓ 出来事に反応する前に、自分の状況をつぶやいて言語化すると客観視できる
- ✓ パターン化した問題の原因を見つけだし、自分で心の傷を癒し気持ちを満たす

嫌いな上司が一日で優しくなった理由

コミュニケーションの相手が、きつい口調や人格否定、見下しなどにより自分を攻撃してくると、誰でも嫌になるものです。それが毎日顔を合わす上司や配偶者など、身近な人であるほど対処に困ります。

人を攻撃する心理

攻撃的な人は心に傷を抱えていることが多く、傷が多いほど被害妄想が強い傾向があります。私たちは幼少期の体験から無意識的に生き方を決め、それに従った行動をします（人生脚本）。幼少期に受けた心の傷を放置している人は、被害者としての人生脚本を抱えたまま大人になり、他人から見るとささいなことでも心の傷に触れて過剰反応します。このタイプの人は幼少期にたくさん傷ついてきた結果、自己肯定感が低く、さらに揺るぎない自信が持てないために、他者からの評価に頼る弱い一面も持ち合わせています。自分に自信がないことを隠すために、相手をコントロールする気持ち（支配欲）が強く、高圧的な態度を取って優位に立とうとするのです。

たった数時間で関係性が劇的に変わる理由

嫌いな人への一般的な対処法は、〝関わらないようにすること〟です。しかし上司や家族など関わる必要がある人には、その対処法は使えません。この場合には、人との交流をエネルギーの視点から理解する「量子・感情エネルギー変換メソッド」によるアプローチが有効です。相手との間にあるエネルギー状態を変化させると、両者の関係性に劇的な変化を起こすことが可能になります。関係性は〝目に見えない力学〟の影響を大きく受けるからです。

関係性のエネルギーを変えるには、傷ついたつらい気持ちを扱うことから始めましょう。傷ついた気持ちは裏を返せば嫌なことをした相手、上司や配偶者などへの怒りです。この怒りの感情を扱うプロセスを経て、自分が使命・天命に基づいて今の現実を作っていたことなどのすべてが見えてくると、怒りの感情が癒され感謝に変わり、ありのままを受け入れて、さらに目覚めの境地に至ります。ここまでくると関係性のエネルギーががらりと変わり、もう相手を変えたいと思わなくなると同時に、相手もあなたに感謝を感じるようになります。このようなことが起こる理由は、自分の内面のエネルギー状態を変えることで、それに対応している自分の外側のエネルギー状態（現実の世界）が変わるからです。つらい現実や状態に変化を狙って起こせるようになります。

職場で嫌いな上司がいて毎日つらい思いをしている人は、交流エネルギーに着目して上司の言動で傷ついた自分の感情を扱ってみてください。このプロセスを経ることで、上司の嫌いな態度（外側）を変えようとしなくても、たった数時間で関係性が劇的に変わります。

なるにはポイント

- ✓ 攻撃的な人は自己肯定感が低く、傷ついた子どもの精神状態のまま大人になった人
- ✓ 関係性のエネルギー状態を変えると、攻撃的な相手が優しくなり現実が変わる

不登校は子どもだけの問題ではない

子どもの不登校の数は増加しています。そのまま大人の引きこもりになることもあり、令和4年度の内閣府調査によると、15歳～64歳の生産年齢人口において推計146万人が引きこもり状態にあることがわかりました。

親に手だてがなく相談相手もいない、または相談しても解決に至らず、大人になっても引きこもり状態が続くケースはめずらしくありません。それが長期に及ぶほど、改善には相当な時間とエネルギーを要するため、早い時期からの対処が求められます。

解決に向けて親が持つべき視点

引きこもる子どもに対し、親が「学校（会社）に行きなさい」「いつまで

※参考：特定非営利活動法人KHJ全国ひきこもり家族会連合会「『ひきこもり』全国推計146万人 50人に1人 内閣府調査を受けたKHJの見解」https://www.khj-h.com/news/statement/8862/1

家にいるの」などと言うことは、子どもをさらに傷つけることになります。そんなときは無理に外へ出そうとせず、早めに専門家へ相談してください。

親は子どもが引きこもると動揺して、すぐになんとかしようと考えるものですが、まずは親自身の感情を扱うことが必要です。感情を読み解いていくことで、子どもが引きこもりになる原因がわかってきます。たとえば今まで親からコントロールされてきた仕返しに、病気や引きこもりというネガティブな要素を使い、無意識に親をコントロールしているケースがあります。また家族・夫婦間の不仲がある場合、子どもが自分を犠牲にして問題児役を担うことで、真の問題である家族関係の破綻に向かわせないようにしているケースもよく見ます。親が子どもの引きこもりを家族全体の問題と気づくことで、このコントロールゲームの流れが変わるため、解決が早まります。

解決に向けて本人が持つべき視点

小学校から高校までの不登校は、親の愛情や周りのサポートを十分に得ながら、精神的な自立を意識する必要があります。成人のひきこもりの場合は原因が親子関係であっても、自分の人生に責任を持たなければなりません。引きこもりの人生を選ぶのは自由ですが、その人生に満足できないなら、自分の意思で現状を変えるべきです。

難しいことを自分に課す必要はありません。少しずつ人とのつながりを持ったり同様の悩みを持つ人の話を聞いたりして、自分はどう生きていきたいか、自分の中にある本当の思いを確かめてほしいと思います。親への複雑な感情は一人で抱える必要はなく、支援を求めても何も恥ずかしくはありません。人は人の手を借りて成長できるものです。小さな一歩が、未来を大きく変えていきます。

カウンセリングは誰が受けるべきか

引きこもり本人を含む、必ずしも家族全員がカウンセリングを受ける必要はありません。家族の中で、母親など一番困っている人が受ければよいのです。家族の一人がカウンセリングを受けて心の中が変わると家庭内のエネルギーバランスが変わるため、関係性が大きく変わり改善に向かいます。引きこもりの役割を担っていた子どもは、家族の犠牲になる役割から解放されて、主体性を取り戻すことができるのです。

自立に必要なこと

子どもが自立した大人になるために必要なのは、親からの愛情です。幼少期に親がたっぷり子どもを愛し、子どもの安全基地になっていると、子どもは成長とともに自分の中に安全基地を作ることができます。それができなければ、どこにいても怖い・さみしいと感じてしまい、自立が難しくなります。

自立とは誰の力も借りずに生きることではなく、周りの人と調和しながら主体性を持って生きることと考えます。引きこもりをはじめとするさまざまな家族問題は、何世代にもわたり連鎖していることも多く、家族内だけでは解決が困難なことがあります。引きこもりの長期化を防ぐために、連鎖する家族の問題について社会が関心を持ち、相談できる体制づくりが必要です。見捨てられる人がいない社会にするためにも、力のあるカウンセラーが必要とされています。

なるにはポイント

- ✓ 引きこもりは家族間のエネルギーバランスの問題
- ✓ 相談や支援を求めやすい社会を作ることが大切

改善事例の紹介

▼摂食障害だったAさん

Aさんは当時、過食嘔吐の症状があり、そのことで自分を責めていました。過去の出来事にいつもとらわれ、怒りや不安が強く、他人に敵意を持つ自分が大嫌いでした。摂食障害と過去へのこだわりが問題だと思っていましたが、実は母親に対する気持ちが癒されないままで、孤独感と認められたい気持ちがあったことに気づいたのです。母に対する気持ちを癒し、すべてを感謝に変えたことで、等身大の自分を認め、愛することができました。長年苦しんでいた摂食障害から、本当の意味で卒業できたのです。今まではいくらがんばっても報われなかった人生が急に輝き出し、生き生きと夢に向かって充実した毎日を過ごしています。

パニック障害のBさん

20年来パニック発作に悩まされていたBさんにとって、発作は死を連想させる恐怖でした。3カ月間自分の感情と向き合い、ワークを続けてもらったところ、恐怖だったパニック発作が、愛のメッセージへと変わり、多くの気づきが得られました。これまで感じていた感謝とは比べ物にならないほど、深い感謝と愛を感じることができた体験は、大きな収穫だったと言います。もう今までのような発作は起きないと思うし、起きたとしても「絶対大丈夫」と心底思えるまでの変化があったそうです。

閉所恐怖症を克服したCさん

Cさんは当初閉所恐怖症で、飛行機、新幹線、エレベーターなどに乗るのが怖く、生活に支障がありました。同時に寝たきりになってもおかしくないほど重症の関節リウマチも抱えていました。「量子・感情エネルギー変換メソッド」で放置していた本当の原因（心の傷）に向き合ううちに、起こることには意味があるのだと真に理解できるようになりました。閉所恐怖症は見事克服し、同じ手法でリウマチの症状にも根気強く向き合いました。途中で痛みが何度かぶり返すことがありましたが、止めることなく取り組み、難病の関節リウマチは現在寛解に至っています。

▼重度の腰痛を克服したDさん

Dさんはひどい腰痛に悩んでいました。本当の原因を特定すると「お父さんの死」と症状がリンクしていることがわかり、お父さんの死にまつわる喪失感のワークを行いました。一回のセッションでなんと激痛が治まり、腰痛がお父さんの死に対する感情的課題を扱うきっかけを作ってくれたと深い感謝になりました。

▼片づけできないEさん

ADHD傾向のある主婦Eさんには片づけができないという悩みがあり、過去に片づけのコーチングを受けても、あいかわらず家の中は物が散乱していました。また段取りが悪い上に忘れ物も多く、支度に手間取ってバスに乗り遅れるたびに、罪悪感と恥の感情に苦しんでいました。そこで〝片づけられない〟ことを症状と捉え、本当の原因は母との関係（心の傷）であることを発見し、傷を癒しました。さらに片づけられないことをEさんの人生に統合したことで、なんと片づけができるようになり、それ以降は部屋をきれいな状態に保てています。段取りもうまくなり、時間にゆとりができて趣味に時間が使えるようにもなりました。最も驚いたのは、外出時に忘れ物をしなくなったので、バスに乗り遅れることがなくなったことです。

▼アトピー性皮膚炎を克服したFさん

長年アトピー性皮膚炎と体中を動き回る痛みに悩まされていたカウンセラーのFさん。症状から見つけたのは、長年Fさんの中にあった隠れた感情でした。自分でさえ気づいていなかった感情を、ずっと抱えていたのです。ワークを通じて本当の自分を理解でき、自信を持って「私はカウンセラーです」と言えるようになったそうです。受講後は、アトピーや体中を動き回る痛みが消えたと喜んでいました。

ここに挙げた事例のほか、ペットの問題行動・子どもの夜泣きや病気、お金の問題など、多岐にわたる問題について、同じプロセスで解決していくことが可能です。

おわりに

問題児だった私が人気カウンセラーになるまで

今では自由なスタイルで人の悩みを解決する仕事をし、充実した毎日を過ごしている私ですが、自分のやりたいことが見つからず、人生を見失っていた時期がありました。

「ちょっと北海道へ行ってくるわ！」

私は高校を卒業した後、家族にそう言って出かけたきり、家に帰りませんでした。

高校時代、私は摂食障害と不登校の問題を抱えていて、何とか卒業はできたものの親や世間に心を縛られている自分が嫌になり、突然家を飛び出したのです。最初のアルバイト先である北海道では、牧場のレストランで住み込みのアルバイトをしていました。契約満了となり、家を出てから初めて家族に電話すると「あんた、今どこにいるの？　捜索願を出すところだったのよ！」と怒る姉。その後、安堵したような涙声が受話器から聞こえました。

それでも私は家に帰らず、沖縄県の久米島や小浜島など離島のリゾートホテルや飛騨の温泉街などで働きながら、全国を放浪しました。行く先々で人の優しさに触れ、さまざまな事情で私と同じように放浪する若者たちと交流するうちに、生き方は一つではなく、いつからでも自由に選べることがわかりました。それまでは苦しい気持ちで過ごすことが多かったのですが、出会った多くの人から気づきや学びを得ることができ、今度は私が誰かの役に立ちたいと思うようになったのです。

放浪生活が2年を過ぎた頃に出会った、2人の自立した年上女性の生き方を見て、自分のこれからの人生と真剣に向き合い始めました。そして23歳のとき、私は以前から興味があった医療系の国家資格である作業療法士になるために、学校に入り直したのです。学業とアルバイトの両立は厳しいものでしたが、やっと自分の人生が前に進み始めたという喜びを感じていました。

作業療法士として初めての勤務は沖縄で、古くから知られる精神科の専門病院でした。ここでも職場の内外で多くの人との出会いがあり、新たな人生のステージに立った気持ちでした。

そして5年が経った30歳の頃、新たなチャレンジをするため海外青年協力隊員になり、ネパールに派遣されました。やる気に満ちていたのですが異国の地でがんばりすぎてしまい、疲れ果てて任期半ばの1年で帰国しました。当時はうつ状態になり、さらに摂食障害が再燃して、人生で一番つらいどん底の経験をしました。頭の中はモヤがかかったようで、体を動かすこともできません。1年ほどの苦しい療養生活をしていた頃から、自分のように傷つき疲れた女性をサポートする仕事をしたいと考え始めていました。

回復後は作業療法士として身体障害分野、小児分野、老人分野で臨床経験を積み、対人支援の喜びと難しさをのべ2万人の患者さんを通じて学びました。しかし健康保険が適用される支援には限界があり、決められた範囲のことしかできません。

そこで自分が思うような支援をするために、副業で自宅にカウンセリングルームを開き、その後医療職を辞めて、専業のカウンセラーになりました。ＮＰＯ法人の運営を経て、今では株式会社の経営者となり、現実に変化を起こすカウンセラー育成のプロフェッショナルとして、多くの支持を得ています。

悩みや過去のトラウマを解消することはとても大事なことですが、一番大事なことは解消する過程で得た学びと体験です。それを同じように苦しむ人を助けるために生かせば、今度は相手に希望や喜びをもたらすことができます。あなたが悩んだ過去は決して無駄ではなく、自信を持って人の支援ができる力になるのです。時には「自分には無理」と、感じることがあるかもしれません。そんなときは本書で紹介した、心のブレーキの外し方のページを開いて、あなたのブレーキを一つずつ、外していってください。

私は現在、精神的・経済的に自立したカウンセラーを増やすため、起業支援に力を入れています。カウンセラーへの道は決して簡単ではありませんが、ありがたいことに、多くの卒業生がクライアントに感謝されるカウンセラー・コーチとして活躍しています。あなたが一歩踏み出したいと思うなら、もう目の前に道は開けていますよ。あなたの人生をいつでも応援しています。

気弱な人でもしっかり稼げる
カウンセラー起業の
ガイドブック

2024年6月28日　第1刷発行

著者	綿貫智香
編集人	佐藤直樹
デザイン	華本達哉（aozora.tv）
編集協力	木村あゆみ　藤野稟久
企画協力	吉田 浩（株式会社 天才工場）
発行人	森下幹人
発行所	株式会社 白夜書房 〒171-0033　東京都豊島区高田3-10-12 ［TEL］03-5292-7751　［FAX］03-5292-7741 http://www.byakuya-shobo.co.jp
製版	株式会社公栄社
印刷・製本	図書印刷株式会社